KB070070

요서지역 초기 신석기문화 연구

소하서小河西 · 흥륭와興隆窪 문화를 중심으로

박진호·복기대 공저

요서지역 초기 신석기문화 연구
소하서(小河西)·흥룡와(興隆窪)문화를 중심으로

지은이 | 복기대·박진호 공저
펴낸이 | 최병식
펴낸날 | 2016년 10월 17일
펴낸곳 | 주류성출판사 www.juluesung.co.kr
          서울특별시 서초구 강남대로 435 주류성빌딩 15층
          TEL | 02-3481-1024(대표전화)·FAX | 02-3482-0656
          e-mail | juluesung@daum.net

값 16,000원

잘못된 책은 교환해 드립니다.

ISBN 978-89-6246-293-7 93910

이 저서는 2012년 정부재원(교육부 학술연구지원사업비)으로 한국학중앙연구원 지원에 의하여 연구
되었음(AKS-2010-AGC-2101)

요서지역 초기
신석기문화 연구

소하서小河西 · 흥륭와興隆窪 문화를 중심으로

박진호·복기대 공저

주류성

목 차

들어가며

최근 중국 고고학계의 시대적 과제는 중국문명의 기원을 찾는 것인데, 이것은 중국의 기본 역사인식이라고 할 수 있는 '통일적다민족국가론'을 바탕에 두고 있다. 이는 현재의 중국 경내에 있는 모든 민족은 중국인이고, 그들의 역사, 문화 등도 모두 중국역사의 범위에 있다고 말하는 것인데, 1960년대 초반 중국 국경지대에 존재했던 비한족(非漢族)들의 독립적인 움직임을 통제하기 위해 마련된 정치적 이론이다. 그렇기 때문에 우리가 익히 잘 알고 있는 동북공정(東北工程) 뿐만 아니라 중화문명탐원공정(中華文明探源工程)[1], 서남공정(西南工程), 서북공정(西北工程), 청사공정(淸史工程)의 이론적 토대가 되었고 그와 관련된 많은 학자들이 양성되었다.

---

1) 중화문명탐원공정은 중국의 통일적다민족국가론에 입각한 국가적 연구 프로젝트로 중화민족과 주변 소수민족의 시원을 연구하는 것을 목표로 한다.

이 과정에서 요서지역의 신석기시대 문화 또한 중국 학계의 주목을 받게 되었다. 사실 이 지역에서의 고고학 발굴은 1920년대부터 이루어졌는데, 당시에는 큰 주목을 받지 못하였다. 그러다가 1970년대에 있었던 한 고고학발굴에 의해서 분위기가 반전된다. 중국문화의 정수로 알려져 있던 용이 유물의 형태로[2], 그것도 변방으로 알려진 곳에서 대규모의 제사유적들이 발견된 것이었다. 이를 계기로 계속되는 발굴 속에서 황하유역에서 발견되는 선사시대 문화와는 양상이 다른 유구와 유물들이 속속 발견되었다. 때문에 요서지역의 선사문화는 중화인민공화국 건국 이래 최대 과제 중 하나인 민족 간 분열을 막고 대통합을 이룰 수 있는 역사적인 근거로써 주목받게 된 것이다.

중국 정부의 신념과 맞물려 중국 고고학계는 정부의 시책에 발맞추고자 요서지역의 고고학문화들을 가지고 많은 결과물을 만들어 내었는데, 대표적으로 홍산문화(紅山文化)와 하가점하층문화(夏家店下層文化)를 들 수 있다. 위의 두 문화는 발견된 유적도 가장 많고, 표면적으로 보여지는 유물이나 유구도 가장 특별했기 때문이다. 이 문화들에 대한 중국 현지의 관심이 높아짐에 따라 해당 지역의 연구가 많이 늘어났으며, 연구의 질도 매우 향상되었다.[3]

〈그림 1〉 홍산문화 인물상
(우하량유적 출토)
(遼寧省文物考古硏究所, 2012)

---

2) 여기에서 표현된 '용'이라는 용어는 중국학계가 주장하는 용의 개념으로 이 의견에 동의하는 것은 아니지만 편의상 '용'이라고 표현하였다. 이에 관한 것은 아래 글을 참고; 복기대, 2007, 「시론 홍산문화 원시룡에 대한 비판적 재검토-손수도의 저룡에 대한 비판적 검토를 중심으로」, 『백산학보』, 백산학회, pp.43~70.

중국 내의 이러한 연구들은 자연스럽게 중국 외 국가의 중국고고학 연구자들에게도 영향을 주었다. 주로 미국과 일본에서 해당지역의 문화들에 관심을 보였고, 체계적인 연구결과가 발표되고 있다.[4] 한국 내에서는 이 지역이 전통적으로 한민족의 형성지 내지는 고조선의 건국지였다는 생각에 많은 관심을 가지고 있다.

하지만 이러한 관심은 연구자들의 관심이기 보다는 일반 국민들에 의한 관심이 더 크고 연구자들은 그 중요성을 인지하고 있지만 연구의 폭을 쉽게 넓히지 못하고 있다.

〈그림 〉홍산문화 곰 아래턱 뼈와 곰 발 소조상(遼寧省文物考古硏究所, 2012)

중국을 비롯한 다른 나라에서 가장 관심이 높은 요서지역의 고고학문화는 단연 홍산문화와 하가점하층문화이다. 하가점하층문화는 B.C 2500년

---

3) 중국은 당국의 전통적인 관념과 큰 차이를 보이는 이 문화들을 중국사로 포함시키지 않으면 향후 중국정부에서 추진하는 민족 통합 정책에도 큰 차질이 있을 것으로 판단하여 많은 관련 학자들을 양성하고 있다. 이러한 분위기는 요서지역을 단순히 '전통적 고고학 연구방법'이 아닌 '다학문융합의 연구체제'로 전환하여 선사시대 사회를 재현해 볼 수 있는 수준까지 이르렀다.

4) Hamada Kosaku and Mizuno Seiichi. 1938, "Chifeng Hong shanhou," Archaeologia Orientalis, ser. A, No.6. Far -Eastern Archaeology Society of Japan, (1938)

〈그림 3〉 하가점하층문화 삼좌점유적
항공사진(상), 성벽 및 치(중), 주거지(하) (內蒙古文物考古硏究所, 2007)

경에 출현하는 청동기문화로 유구 및 유물 양상 등을 파악했을 때 유목적 이동생활상이 아닌 농경이 중심인 정착생활상을 기본 특징으로 가지는데, 한국학계의 일부에서는 이러한 점을 우리민족 최초의 국가인 고조선과 연결 지을 수 있다고 보고 많은 연구가 진행되었다.[5]

홍산문화는 하가점하층문화가 발생하기 이전부터 같은 지역에서 만개한 문화로 그 문화의 특징이 하가점하층문화와 비슷한 점이 있으며, 문화요소들이 동시기의 보편적인 유적들에 비해 매우 뛰어나[6] 중국 학계는 물론 한국과 해외학계에서 모두 관심을 가지는 문화이다.[7]

이에 반해, 홍산문화 이전의 문화들은 큰 주목을 받지 못하였다. 특히 소하서문화(小河西文化)와 흥륭와문화(興隆窪文化)는(특히 소하서문화) 홍산문화와 하가점하층문화에 비해 발견되는 유물 및 유구의 수량과 질이 매우 빈약하기 때문이다. 이러한 이유로 중국에서는 상대적으로 연구가 많이 되어있지 않았고, 발굴된 유적도 보고서가 제대로 나오지 않은 것이 현실이다. 그러므로 이런 중국학계의 현실은 요서지역의 선사시대문화에 관심이 많은 학자들이 많다고 할지라도 더 이상 발전적인 연구를 할 수 있는 조건이 되지 못하였다. 이와 같은 중국학계의 현실과 함께 한국 내의 상황도 크게 다르지 않다. 한국 내 학계에서 이루어지는 초기 신석기시대 문화인 소하서문화나 흥륭와문화에 대한 연구는 구체적인 것보다는 중요성만 강조되는 정도이다.

따라서 이번 글에서는 앞으로 한국학계가 요서지역의 신석기문화를 연

---

5) 복기대, 2001, 「중국 요서지역 청동기시대문화의 역사적 이해」, 『단군학연구』 5, 단군학회, pp.213~245.

6) 정교한 옥기의 대량 출토, 대형 무덤군의 출현, 제단과 사당유적의 출현 등을 말한다.

7) 홍산문화는 중국에서 이미 매년 관련 학술대회도 개최되는 등 학술적 연구가 활발하며, 국내에서도 전문적 연구 집단은 거의 없지만 학계에 소개되고 일반에까지 잘 알려져 있다.

구하는데 조금이라도 보탬이 되고자 그 동안 많은 연구가 진행되었던 요서지역 신석기시대 중·후기문화인 홍산문화나 청동기시대 초기문화인 하가점하층문화가 아닌, 요서지역의 초기 신석기시대 문화, 즉 '소하서문화'와 '흥륭와문화'에 초점을 맞추었다.

본 연구는 기본적으로 다음과 같은 생각을 전제로 진행되었다.

첫째, 흥륭와문화는 매우 넓은 범위에 분포해 있기 때문에 중국 내의 연구에서도 흥륭와문화를 몇 가지 유형으로 분류하고 있다. 지역적 차이로 인해 나타나는 문화 차이가 어떻게 나타나는지 검토해 보고 이것을 어떻게 해석하는 것이 타당한지 살펴볼 것이다.

둘째, 소하서문화와 흥륭와문화는 한 유적에서 각 문화의 유구가 중첩되어 선후관계로 나타나기 때문에, 시·공간적으로 관련성이 있을 것으로 생각된다. 또 질그릇 등의 유물형태도 비슷하다. 하지만 그것이 다른 문화로의 계승인지, 한 문화 내에서 이루어진 문화유형 변화인지는 검토를 거쳐야 한다. 이에 따라 글의 순서는 다음과 같이 정하였다.

Ⅰ장에서는 이 글이 쓰여지게 된 배경과 연구사, 그리고 요서지역의 자연환경 및 고환경연구에 대한 내용을 다루고 있다.

Ⅱ장에서는 현재 중국에서 진행된 소하서문화 유적과 흥륭와문화의 유적에 대한 발굴 및 연구를 토대로 분포범위 및 연대, 주거지, 무덤, 유물 등을 분석해보고자 한다.

Ⅲ장에서는 지역별로 다양한 차이를 보이는 흥륭와문화의 특징에 대해 좀 더 심도 있게 알아볼 것이다.

마지막으로 Ⅳ장에서는 흥륭와문화의 유형분류에 대해 검토하고, 소하서문화의 문화명명에 대해 재고해 보고자 한다.

I장
연구의 현황

1. 연구의 배경

　중국 요서지역은 1920년대 스웨덴 광산업자 안델손에 의해 처음 고고학발굴이 시작된 이래 많은 고고학자들은 이 지역에서 발견되는 각종 신석기, 청동기 문화가 황하유역의 앙소문화(仰韶文化) 및 용산문화(龍山文化), 그리고 청동기시대 문화들과 그 양상이 매우 다르다는 것을 알게 되었다. 당시 중국학자들은 이런 문화적 차이점을 근거로 황하 중류지역의 문화는 황제족(黃帝族)과 연결시키고, 산동지역의 문화는 동이족으로 분류하였지만, 북방지역의 문화들의 주인에 대해서는 명확한 결론을 내리지 못하였다.[8] 그런데 최근 중국학계에서 '동북공정' 및 '중화문명탐원공

---

8) 임운(林澐)과 적덕방(翟德芳)은 해당지역 문화를 향유하였던 세력에 고조선도 포함시켰으며, 복공(卜工)은 동이족으로 보고 있다; 林澐, 1980, 「東北系銅劍初論」, 『考古學報』, 科學出版社; 翟德芳, 1988, 「中國北方地區靑銅短劍分群硏究」, 『考古學報』, 科學出版社; 卜工, 1989, 「燕山地區夏商時期的陶譜系」, 『北方文物』; 李民, 1987, 「試論牛河梁東山嘴紅山文化的歸屬 : 中國古代文明探源之一」, 『鄭州大學學報』第2期, 哲學社會科學版, pp.8~14; 우실하, 2009, 「'요하문명론'의 초기 전개 과정에 대한 연구」, 『고조선단군학』 제21호, 고조선단군학회, pp.278~279.

정'이 진행되면서 요서지역 일련의 문화들을 황하문명과 연결시키려 하였고, 이 과정에서 중국의 고대신화와 황화 중류지역 고대문화를 대표하던 황제족과 연결시키기 시작하였다.[9] 요녕성 박물관에서는 2006년 여름에 특별전시로 시작된 '요하문명전(遼河文明展)'을 상설전시로 교체해 현재까지 전시하며 이러한 인식을 강화시키고 있다. 이 전시의 내용은 요서지역의 선사문화 뿐만 아니라 부여, 고구려 역사도 당시 중국 소수민족의 역사라고 주장하면서 그동안 변방으로 대우하던 북방지역의 문화를 중화민족의 근간으로 격상시켜 그 지역민들에게 중화민족이라는 자부심을 갖도록 만들었다.

중국정부의 정책과 이에 동조하는 중국학자들의 견해는 객관적이지 못했다. 홍산문화나 하가점하층문화의 연대와 문화양상들을 생각한다면 그들이 앙소문화 및 하(夏)·상(商)문화와 연결시키려는 시도에 문제가 많음을 알 수 있었을 것이며, 또한 이전에 진행되었던 황하유역에 대한 연구들이 문제가 많았음을 인정하는 것으로, 정부정책을 따라가는 학자들의 태도가 전체 중국 역사학계에서도 큰 문제점으로 제기되고 있는 상황이다.[10]

이러한 문제는 한국학계에서도 나타나고 있다. 이와 관련해 복기대는 "20세기 후반 한국의 학자들은 홍산문화와 하가점하층문화를 고조선문화와 관련시켜 연구하였다. 연구 과정에서 각 문화의 속성을 구분하지 않고 무조건 고조선문화로 귀납시켜 고조선 연구자체에 많은 문제점을 야기 시켰는데, 대표적인 것이 하가점하층문화와 하가점상층문화를 구분하지 않

---

9) 우실하, 2009, 「'요하문명론'의 초기 전개 과정에 대한 연구」, 『고조선단군학』 제21호, 고조선단군학회, p.279.

10) 현재 중국 고대사학계에서는 요서지역의 고대문화가 중국역사를 연구하는데 중요한 위치를 차지하는 것은 사실이지만 전체적인 중국사의 틀은 황하문명을 중심으로 연구되어야 한다는 것이 보편적인 대세이다.

은 것이다. 이러한 연구는 각 시기별로 문화의 특징을 잘 이해하지 못한 경우가 많아 설득력을 가지기는 힘들다."라고 하였다.[11]

정리하자면, 중국의 학자들은 중국 경내에 있는 고고학문화 자료들을 참고하기 용이함에도 불구하고 그들의 기원을 연구하는데 있어서, 단편적인 고고학 자료들을 취사선택함으로써 요서지역의 선사문화를 중원과 연결시키려 하였다. 반면 국내에서는 요서지역의 선사문화가 발굴되었다는 발굴 소식을 접하였지만, 발굴자료 획득의 어려움 등으로 연구가 용이하지 못했고, 일부 연구자들 및 역사에 관심을 가지고 있던 사람들이 시기적인 부분[12]과 일부 유물들[13]을 조합하여 고조선과 연결하려 한 것이다.

요서지역에서 발견되는 선사시대문화를 '중국의 것이다', '한국의 것이다'라고 단정지을만한 연구결과는 아직 없다. 다만 두 곳 모두가 요서지역의 선사문화와 연관지을 만한 요소들을 조금씩 가지고 있으며, 당시 주변지역들끼리 여러 가지로 영향을 주었음은 틀림없는 사실이다.

이런 상황에서 가장 발달하고 번성했던 문화인 홍산문화나 하가점하층문화를 다방면에서 연구하는 것은 매우 중요한 일이다. 하지만 크게 번성했던 홍산문화나 하가점하층문화가 앞선 문화의 존재 없이 갑자기 스스로 생겼을 리는 없다. 그러므로 홍산문화 이전 시기로 거슬러 올라가 여러 선대문화들의 존재를 파악하는 것이 더욱 중요하다. 홍산문화 이전의 선대문화들은 분포지역, 유적입지, 주거양상, 질그릇, 석기 등을 포함한 각종 유물들에 있어서 뒤이은 문화와 차이는 있지만, 문화계통상의 맥을 같

---

11) 복기대, 1995, 「하가점하층문화의 기원과 사회성격에 관한 시론」, 『한국상고사학보』 제19호, 한국상고사학회, pp.397~426.

12) 하가점하층문화의 상한연대가 B.C.2500년으로 발표되어 고조선의 개국시기와 비슷하다고 보았다.

13) 홍산문화 우하량유적 여신묘에서 발견된 여자인물상과 곰 턱뼈, 곰발소조상 등이 있다.

이하고 있기 때문이다. 홍산문화와 하가점하층문화가 중요한 것은 사실이지만 그 기원이 되는 문화요소들을 정확히 파악하지 않고서는 학술적으로 언급할 수 있는 이야기들이 매우 한정적일 수밖에 없다.

일반적으로 동북아시아에서 사람들이 한 곳에 집단적으로 거주하면서 조직을 이룬 시기는 지금으로부터 약 1만년을 전후한 시기로 추정된다. 이 시기부터 질그릇을 만들어 사용하면서 공동주거 생활을 한 것으로 추정되는데, 이 단계가 이른바 신석기시대의 시작이다. 이런 정의를 토대로 살펴보았을 때 현재까지 요서지역에서 확인된 고고문화 중 가장 이른 시기의 신석기문화는 '소하서문화'로 알려져 있다. 이 문화의 특징인 통형관은 그 뒤를 잇는 '흥륭와문화', '조보구문화', '홍산문화', '소하연문화' 까지 이어지는 것을 볼 수 있다. 이런 전체적인 요서지역의 문화를 이해하기 위해서는 가장 이른 시기의 소하서문화, 흥륭와문화를 이해하는 것이 필수적인 것이다. 소하서문화와 흥륭와문화는 요서지역 신석기시대의 시원(始原)문화로 많은 연구가 필요함에도 불구하고 중국에서는 홍산문화 및 그 이후의 문화에만 크게 관심을 가지고 있고, 한국 학자들에게는 별다른 주목을 받지 못했다.

그 이유를 나름대로 생각해본다면 한국 학자들은 연구의 범위를 한반도 내로 한정하는 경우가 많고, 한반도를 벗어난다고 해도 대체로 요동지역까지를 연구의 서쪽한계선으로 설정하는 경우가 많다. 그렇기 때문에 요서지역에서 발견되는 문화요소들을 한반도와 특별한 관계가 있다고 생각하지 않아 우선연구대상으로 삼지 않고 있다. 빈약한 연구환경 속에서 한국학계의 요서지역의 연구경향은 크게 두 가지로 분류할 수 있다.

첫째는 한반도 및 한국의 역사와 친연성을 인정하지 않고 유목민족의 선대문화로 여기는 학자들이며, 둘째는 요서지역의 고고학문화를 중요시하면서 우리나라 역사와 연결시키는 학자들이다. 아직은 양쪽 모두의 의견에 대한 시비를 섣불리 판단할 수는 없다고 생각한다. 그 이유는 황하유역이나 한반도유역에서 요하유역의 문화양상과 이어지는 뚜렷한 계승성을 파악하기 힘들기 때문이다. 또 그 당시에 한민족과 중화민족이라는 개념이 형성되어 있었던 것도 아니고, 문화의 전파와 수용은 그만큼 자유로웠기 때문이다. 그리고 현재 이루어지고 있는 단편적인 유물 비교로만 한반도와 황하유역의 친연성을 파악하려는 것은 크게 의미가 없다고 본다.

따라서 이 책에서는 위와 같은 민족이나 국가라는 개념에서 벗어나 순수한 학문적 입장에서 다음과 같이 내용을 전개하고자 한다.

먼저 소하서문화의 연구대상을 발굴이 이루어져 보고서가 발표된 소하서유적, 백음장한유적, 유수산·서량유적으로 한정하였다. 마찬가지로 흥륭와문화의 연구대상 역시 발굴 이후 보고서가 발표된 유적 중 보편적으로 흥륭와문화 유적이라고 인정되는 흥륭와유적, 사해유적, 백음장한유적, 남태자유적으로 한정하였다. 또 흥륭와문화의 분기는 학자들마다 그 의견이 분분한데, 여기서는 사해유적 발굴보고서의 내용을 참고하여 1기를 사해 초기 유적, 2기를 흥륭와유적, 백음장한 2기 갑류 유적, 남태자유적, 3기를 사해만기 유적, 흥륭와유적, 4기를 백음장한 2기 을류 유적으로 구분하여 글을 진행하였다.

2. 연구사

소하서문화와 흥륭와문화는 중국 요서지역에서 발달한 신석기시대 문화로 문화특징이 황하(黃河)유역과 장강(長江)유역에서 발달한 신석기 문화와는 확실한 차이를 보인다.[14] 이런 관계로 중국에서는 전통적으로 중원문화와 황하문명을 지금의 중국문화의 원류라고 강조해왔고, 중국 북방지역의 역사적 가치를 낮게 보는 경향이 있었기 때문에 북방지역에 관한 고고학적 조사나 연구 또한 중요하게 생각되지 않았다.

1920년대에도 오랑캐의 땅으로 치부되던 내몽고 적봉(赤峰) 일대에서 앙소문화(仰韶文化) 계통으로 보이는 채도를 포함한 주변 유적들이 발굴되었지만,[15] 1970년대까지도 단순히 북방의 신석기시대문화로만 생각해왔

---

14) 중원지역과 요서지역 신석기문화의 가장 큰 차이는 질그릇과 무덤의 형태에 있다. 중원지역에서는 다양한 기종의 질그릇들이 발견되는 반면 요서지역에서는 모래가 낀 통형관이 주요기종으로 발견된다. 또 중원의 무덤들은 대부분 움무덤인데 반해 요서지역의 신석기문화에서는 주거지 내에 위치한 무덤, 돌을 사용해 만든 무덤 등이 나타나며 정교한 옥기를 부장한 것이 차이점이다.

다. 그러던 것이 1980년대에 들어 요녕성 객좌현 동산취(東山嘴)유적, 요녕성 건평현 우하량(牛河梁)유적 등 대규모 제사유적 및 무덤들이 발견되면서 학계에서도 '문명의 요소를 가지고 있다'고 하며 주목하기 시작하였다.[16] 아울러 요서 전 지역에서 지표조사, 발굴조사가 이루어졌고, 홍산문화 및 그 전후의 문화요소들이 발견되기 시작하였다.

1) 소하서문화

먼저 소하서문화 유적의 발견과 발굴과정을 살펴보면 다음과 같다.

1984년 오한기박물관(敖漢旗博物館)은 내몽고 적봉 오한기(敖漢旗) 우고토향(牛古吐鄕) 천근영자촌(千斤營子村) 북쪽과 서쪽 마을의 산들에 대해 지표조사를 실시했는데, 이미 발견된 요서지역의 신석기문화와는 다른 특징을 가진 유물이[17] 발견되었다. 그 이후 맹극하(孟克河) 양안(兩岸)의 목두영자향(木頭營子鄕) 소하서촌(小河西村), 마니한향(瑪尼罕鄕) 도력판촌(道力板村)과 노합하(老哈河) 우안(右岸) 등 10여 곳에서 동일한 유형의 유적들이 발견되었다. 발굴자들은 이 유적들을 기존에 알려진 것과 다른 새로운 고고학문화로 정의하였는데, 가장 먼저 천근영자 유적에서 발굴되었기 때문에 '천근영자유형'으로 불렸다.[18]

---

15) 梁思永, 1959,「熱河查不干廟林西雙井赤峰等處所采集之新石器時代石器與陶片」,『梁思永考古論文集』, 科學出版社, pp.107~144.

16) 郭大順·張克擧, 1984,「遼寧省喀左縣東山嘴紅山文化建筑群址髮掘簡報」,『文物』第11期, 文物出版社, pp.1~11; 遼寧省文物考古硏究所, 1986,「遼寧省牛河梁紅山文化"女神廟"與積石塚髮掘簡告」,『文物』第8期, 文物出版社, pp.1~17.

17) 요서지역에서 소하서문화보다 먼저 발견된 신석기시대 문화는 홍산문화였는데, 질그릇 기종이 통형관인 것은 비슷했지만, 질그릇의 질과 시문된 문양이 차이가 컸으며, 채색질그릇 또한 보이지 않았다.

18) 邵國田, 2004,『敖漢文物精華』, 敖漢旗博物館, 內蒙古文化出版社, pp.9~12.

1987년 7월부터 8월까지 중국사회과학원 고고연구소 내몽고공작대(內蒙古工作隊)는 양호(楊虎)를 책임자로 파견하여 소하서유적의 발굴을 진행하였다. 이때 발굴한 총 면적은 300㎡였으며, 모두 5개의 트렌치를 발굴하여 주거지 3기를 발견하였다.[19] 이 유적 발굴 이후 이전에 발견된 유적들을 포괄하여 소하서문화로 부르게 되었다. 1988년에는 오한기 유수산(柳樹山)·서량(西梁)유적[20], 임서현(林西縣) 백음장한(白音長汗)유적[21] 등에서 소하서문화의 특징을 가진 유물들이 발견되어 발굴이 진행되었다. 또 유진상(劉晉祥)에 의해 내몽고 옹우특기(翁牛特旗) 대신정촌(大新井村)[22]에서 지하식 주거지 2기가 조사되었다. 주거지의 형식과 출토유물들이 소하서, 유수산·서량 3곳의 유적들과 매우 유사했다. 이 외에 객라심기(喀喇沁旗) 우영자진(牛營子鎭) 마가자촌(馬架子村)등에서도 소하서문화의 유물들이 발견되었지만[23] 정식으로 발굴이 진행되고, 이후 간보(簡報)나 보고서가 발간된 소하서문화 유적으로는 오한기 소하서유적, 서량유적, 유수산유적, 임서현 백음장한유적 등이 있다.[24] 이외 나머지 유적은 『中國考古學年監』이나 『中國文物報』에 소개되어 있는 내용이 전부이다.

그동안 진행된 소하서문화에 대한 연구로는 소하서문화가 흥륭와문화

---

19) 楊 虎·林秀貞, 2009a, 「內蒙古敖漢旗小河西遺址簡述」, 『北方文物』 2輯, 北方文物雜志社, pp.3~6.

20) 楊 虎·林秀貞, 2009b, 「內蒙古敖漢旗楡樹山, 西梁遺址房址和墓葬綜述」, 『北方文物』 2輯, 北方文物雜志社, pp.7~12. ; 楊 虎·林秀貞, 2009c, 「內蒙古敖漢旗楡樹山, 西梁遺址出土遺物綜述」, 『北方文物』 2輯, 北方文物雜志社, pp.13~21.

21) 內蒙古自治區文物考古硏究所, 2004, 『白音長汗』 上·下, 科學出版社.

22) 中國考古學會, 1989, 『中國考古學年鑑』, 文物出版社, p.131.

23) 席永杰·張國强·王 苹·孫永强, 2011, 『西遼河流域史前陶器紋飾圖錄』, 內蒙古人民出版社, 內蒙古出版集團, pp.13~16.

24) 楊 虎·林秀貞, 2009a, 「內蒙古敖漢旗小河西遺址簡述」, 『北方文物』 2輯, 北方文物雜志社, p.6.

와 구별되는 새로운 문화인지, 아니면 흥륭와문화의 초기단계인지에 대한 의견들이 발굴 간보나 논문에서 짧게 언급되어 있는 정도이다. 아래는 그 내용들을 소개한 것이다.

색수분(索秀芬)과 곽치중(郭治中)은 내몽고 임서현(林西縣) 백음장한유적 중 흥륭와 2기 갑류 주거지 BF63[25](탄소연대 측정결과 B.P 8200)이 소하서문화 주거지 BF64를 파괴한 지층관계를 근거로 하여 소하서문화가 8200년 전의 문화라는 결론을 내렸다.[26]

양호는 소하서, 유수산·서량 3곳의 유적을 하나의 문화유형으로 확정 짓는다면, 그것들은 흥륭와문화의 범주에 들어가야 한다고 하면서 '흥륭와문화 소하서유형' 이라고 하는 것이 실제의 정황에 부합한다는 의견을 제시했다.[27]

진국경(陳國慶)도 흥륭와문화 유적인 사해유적에서 소하서문화의 특징적인 질그릇이라고 알려진 민무늬통형관의 조각들이 다량 발견된 점을 들어 소하서문화라고 알려진 것은 실질적으로 흥륭와문화의 가장 이른 단계에 속해야한다고 하였다.[28]

서광기(徐光冀)와 주연평은 민무늬통형관을 특징으로 하는 소하서문화와 흥륭와문화는 대체로 비슷한 시기인데, 다만 소하서문화의 민무늬통형관이 투박한 제작기법으로 원시적인 조형을 보인다고 하였지만, 그 연대

---

25) 'BF63'의 B는 백음장한유적의 B구역을 말하며, F는 주거지를 나타내는 房址(Fangzhi)의 발음을 따서 나타내는 표기법이다. 즉 'BF63' B구역의 63번 주거지를 나타낸 말이다.

26) 索秀芬·郭治中, 2004, 「白音長汗遺址小河西文化遺存」, 『邊疆考古硏究』, 第3輯, 吉林大學 邊疆考古硏究中心, 科學出版社, p.309.

27) 楊 虎·林秀貞, 2009a, 「內蒙古敖漢旗小河西遺址簡述」, 『北方文物』 2輯, 北方文物雜志社, p.6.

28) 陳國慶, 2004, 「興隆窪文化分期及相關問題探討」, 『邊疆考古硏究』, 第3輯, 吉林大學 邊疆考古硏究中心, 科學出版社, pp.9~22.

나 문화구분에 대해서는 언급하지 않았다.[29]

조빈복(趙賓福)과 두전위(杜戰偉)는 소하서문화를 흥륭와문화와는 다른 독립적인 고고학문화로 분류하고 그 유형을 노로아호산(奴魯兒虎山) 이서 (以西)유형과 노로아호산 이동(以東)유형의 두 가지로 구분하였다.[30]

조빈복은 진국경이나 서광기, 주연평 등이 말한 '언급' 형식들과는 다르게 구체적인 근거들을 제시하였다. 하지만 명확한 차이점을 제시하지는 못하였으며, 유형구분에 있어서도 표본이 부족해 섣불리 동의하기 어렵다. 이 점에 대하여는 Ⅳ장에서 구체적으로 언급하겠다.

이처럼 소하서문화에 대한 중국 내의 연구는 발굴과 그에 따른 간보, 보고서의 발간이 제대로 이루어지지 못했기 때문에, 흥륭와문화와의 관계나 유물에 따른 지역구분에 대해 언급한 정도가 전부이다. 언급된 흥륭와문화와의 관계도 유구와 유물 등을 분석한 것은 없다. 따라서 발굴된 소하서문화 유적에 대해 개괄적으로 정리하고 양상을 파악한 연구결과가 아직 없다고 할 수 있다. 지금까지 연구된 양에 있어서도 흥륭와문화나 홍산문화의 연구에 비해 현저히 적은 편이다. 소하서문화는 명칭만 소하서문화라고 명명되었지만 자료의 부족함과 연구부족으로 인해 연대 및 문화양상, 그리고 소하서문화가 독립적인 문화인지에 대한 제대로 된 결론에 도달하지 못한 상태라고 볼 수 있다.

한국에서는 요하 유역 신석기시대의 질그릇문화를 소개하는 논문에서 약간 소개된 것이 전부이며,[31] 전반적인 유적의 분포, 유구·유물의 양상

---

29) 徐光冀·朱延平, 2001, 『遼西區古文化(新石器至靑銅時代)綜論』, 科學出版社.

30) 趙賓福·杜戰偉, 2014, 「小河西文化檢析」, 『考古學研究』 1期, 中國國家博物館館刊, pp.17 ~25.

31) 이해련, 2010, 「요하 유역의 신석기시대 질그릇문화」, 『博物館研究論集』 16輯, 부산박물관, pp.6~25.

등을 연구한 연구결과는 아직 없다. 요서지역 선사문화에 관한 교양서적 내에서도 간단한 언급만 있을 뿐이다.[32]

2) 흥륭와문화

흥륭와문화는 소하서문화와 마찬가지로 요서지역의 초기 신석기시대 문화로서, 요서지역 이외에 주변지역의 선사시대문화 형성에도 중요한 영향을 끼쳤다. 흥륭와문화는 초기에 사해(查海)유적과 흥륭와유적 등이 발견되었을 때 각각 '사해문화', '흥륭와문화' 등으로 따로 명명되었다가, 연구과정에서 두 유적 간 상호유사성이 제기되어 '사해·흥륭와문화'로 불리기도 하였다. 하지만 최근 중국 학자들은 '흥륭와문화'로 통일된 명칭을 사용하고 있다.[33] 흥륭와문화 유적의 발굴과정을 살펴보면 다음과 같다.

흥륭와문화라는 명칭은 흥륭와유적에서 가져온 것으로 처음 발견된 것은 1982년이다. 그 해 가을과 겨울에 걸쳐 오한기문화국과 중국 사회과학원 고고연구소 내몽고공작대는 흥륭와촌 일대를 지표조사 하였고, 1983년부터 1986년까지 4차례, 1992년과 1993년에 2차례 발굴하여, 총 6차례의 발굴을 진행하였다. 총 발굴된 면적은 20,000㎡이며, 연대측정 결과 상한연대는 B.C 6200년이다. 유적의 둘레에는 타원형의 환호가 있는 것

---

32) 우실하, 2007, 『동북공정 너머 요하문명론』, 소나무; 우실하, 2007, 『고조선의 강역과 요하문명』, 동아지도; 문안식, 2012, 『요하문명과 예맥』, 혜안; 정한덕, 2000, 『중국 고고학 연구』, 학연문화사. 정한덕의 『중국 고고학연구』에서도 중국동북지역의 고고학문화를 소개하는데 흥륭와문화부터 시작한다.

33) 索秀芬, 2006, 『燕山南北地區新石器時代文化硏究』, 吉林大學博士學位論文, p.68; 遼寧省文物考古硏究所, 1994, 「遼寧阜新縣查海遺址 1987~1990年 三次發掘」, 『文物』 第11期. 文物出版社, pp.4~19; 郭大順, 1995, 「遼寧史前考古與遼河文明探像」, 『遼海文物學刊』 第1期, 遼寧省文物考古硏究所, pp.14~20; 中國社會科學院考古硏究所內蒙古工作隊, 1997, 「內蒙古敖漢旗興隆窪聚落遺址 1992年發掘簡報」, 『考古』 第1期, 科學出版社, pp.1~26.

이 특징이다. 1985년에 발표된 제1차 발굴간보에서는 연대측정과 유물양상 등을 바탕으로 흥륭와문화가 당시 요서지역에서 발견된 가장 이른 시기의 신석기시대 문화라고 보았다. 또 B.C 6000년의 연대를 가진 주거지들이 정연하게 구획된 취락을 형성하고 있고, 취락의 주변에는 환호가 둘러져 있는 등 당시까지 발견된 문화양상과는 다른 것으로 강조했다. 그 결과 정식으로 '흥륭와문화'로 명명되었다.[34]

1982년 5월에는 요녕성 부신시(阜新市)에서 진행된 지표조사로 사해(査海)유적이 발견되었다. 이 조사 과정에서 발견된 석기와 질그릇, 그리고 취락과 무덤군을 갖춘 유적은 매우 특징적이었다. 조사자들은 이러한 문화양상을 이전까지 발견된 적이 없는 새로운 고고학문화로 생각하였다. 그 해 가을 전 성(省)에서 이루어진 지표조사를 보고하는 회의에서 사해유적의 특징, 시대 및 문화명명 등의 문제에 대한 토론이 진행되었다. 이후 손수도(孫守道) 등은 위 회의에서 토론된 내용을 바탕으로 1983년 초에 재조사를 하였고, 이 유적이 B.C 6000~B.C 5000년의 연대를 가진 취락유적이라고 의견을 제시하였다. 1985년 9월 소병기(苏秉琦)는 사해유적의 출토유물 등을 살펴본 후 '흥륭와·사해문화'가 홍산문화의 원류 중 하나라고 설명하였다. 이에 근거하여 흥륭와문화는 선홍산문화(先紅山文化)라는 견해가 생기게 되었다. 1994년에는 1987년, 1988년, 1990년 세 차례의 발굴자료를 모은 간보(簡報)가 발간되었고,[35] 2012년에는 이전의 발굴 자료와 연구를 바탕으로 정식 보고서가 발간되었다.[36]

---

34) 中國社會科學院考古研究所內蒙古工作隊, 1985, 「內蒙古敖漢旗興隆窪遺址發掘簡報」, 『考古』 第10期, 科學出版社 pp.1~2.
35) 遼寧省文物考古研究所, 1994, 「遼寧阜新縣査海遺址 1987~1990年 三次發掘」, 『文物』 第11期. 文物出版社, pp.4~19.
36) 遼寧省文物考古研究所, 2012, 『査海-新石器時代聚落遺址發掘報告』 上, 中, 下, 文物出版社.

백음장한유적은 1988년, 1989년, 1991년에 세 차례의 발굴이 이루어 졌다. 3년 동안 발굴된 백음장한유적의 총 면적은 7,264.3㎡이다. 흥륭와 문화 유적뿐만 아니라 소하서문화, 조보구문화(趙寶溝文化), 홍산문화, 소 하연문화(小河沿文化) 등 여러 문화의 유적층들도 같이 발견되었다. 그러 나 대부분은 흥륭와문화의 유구들이었고, 취락을 두르는 환호 역시 흥륭 와문화의 유구였다.[37]

남태자(南台子)유적은 1992년 5~7월 사이에 내몽고 문물고고연구소에 의해 구제발굴 되었다. 총 69개의 트렌치를 설정하여 조사하였으며 조사 면적은 3,100㎡였으며, 여기서 보존 상태가 좋은 흥륭와문화 시기의 취락 유적이 발견되었다. 흥륭와문화 주거지 33기, 저장구덩이 11기가 발굴되 었으며, 질그릇, 석기, 뼈도구, 조개도구 등의 유물이 발견되었다. 또 남태 자유적에서는 홍산문화와 소량의 하가점하층문화 유구도 발견 되었다.[38] 남태자유적에서는 환호가 발견되지 않았지만, 구제발굴로 적은 면적만이 발굴되었기 때문에, 환호가 존재했을 가능성도 간과할 수 없다.

이미 발굴된 흥륭와문화 유적으로는 내몽고 오한기 흥륭와유적, 임서 백음장한유적, 극십극등기(克什克騰旗) 남태자유적, 요녕성 부신 사해유적, 금구산(金龜山)유적[39], 분와요(盆瓦窯)유적[40], 동채(東寨)유적[41], 서채(西寨)

37) 內蒙古自治區文物考古研究所, 2004,『白音長汗』上·下, 科學出版社, pp.15~17.

38) 內蒙古文物考古研究所, 1997,「克什克騰旗南台子遺址」,『內蒙古文物考古文集』第二集, 中國大百科全書出版社, pp.71~76; 內蒙古文物考古研究所, 1994,「克什克騰旗南台子遺 址發掘簡報」,『內蒙古文物考古文集』第一集, 中國大百科全書出版社, pp.91~94.

39) 徐光冀, 1984,「富河文化的發現與研究」,『新中國的考古發現和研究』, 文物出版社, pp. 176~180; 徐光冀, 1994,「烏爾吉木倫河流域的三種史前文化」,『內蒙古文物考古文集』, 中國大百科全書出版社, pp.83~86; 索秀芬, 李少兵, 2012,「金龜山遺址一期遺存文化性 質」,『草原文物』第1期, 草原文物雜志編輯部, pp.32~36.

40) 郭治中, 1992,「克什克騰旗盆瓦窯新石器時代遺址」,『中國考古學年鑒』1992年, 文物出 版社, pp.169~170.

유적[42], 오한기 흥륭구(興隆溝)유적 제1지점, 상택(上宅)유적 등이 있다. 하지만 발굴 후 간보나 보고서가 발간된 곳은 흥륭와, 사해, 백음장한, 남태자, 동채, 서채 유적 등인데, 동채유적과 서채유적 등의 연산 남록의 유적들은 요서지역의 유적들과는 질그릇양상에서 차이를 보인다.[43] 따라서 보편적으로 흥륭와문화의 유적이라고 인식되는 곳은 위에서 언급한 흥륭와, 사해, 백음장한, 남태자 유적 등이다.

현재 흥륭와문화에 관한 논문은 많이 발표되었는데, 시기 구분에 있어서는 학자들마다 큰 차이를 보인다. 중국사회과학원 고고연구소는 흥륭와 유적의 발굴 간보에서 "흥륭와 유적은 세 시기로 구분된다. 1기는 흥륭와 유적 F171과 220이 대표적이고, 2기는 F180이 대표적이고, 3기는 F176과 F177이 대표적이다. 또 사해 1기 유구들과 흥륭와 3기 유구들은 같은 시기이거나 흥륭와 2기보다 이르다. 사해 2기 유구들은 흥륭와 3기보다 늦고, 백음장한유적의 하한은 흥륭와 3기보다 늦을 뿐만 아니라, 사해 2기보다도 늦다"라고 하였다.[44]

진국경은 흥륭와문화의 유적들을 분석하였는데, 그는 논문에서 "유적들의 여러 가지 면을 비교했을 때, 흥륭와문화는 다섯 시기로 나눴다. 그 다섯 시기를 구분해보면 다음과 같다.

---

41) 河北省文物研究所, 1992a, 「河北省遷西縣東寨遺址發掘簡報」, 『文物春秋』 增刊, 河北省文物局, pp.128~143.

42) 河北省文物研究所, 1992b, 「遷西西寨遺址1988年發掘報告」, 『文物春秋』 增刊, 河北省文物局, pp.144~177.

43) 보편적으로 흥륭와문화에서 출토되는 질그릇들은 통형관을 기본기종으로 가지는데 연산 남쪽에 위치한 동채·서채유적에서는 다양한 기종의 질그릇들이 복합적으로 나타나고 채색 질그릇의 흔적도 많이 보인다.

44) 中國社會科學院考古研究所內蒙古工作隊, 1985, 「內蒙古敖漢旗興隆窪遺址發掘簡報」, 『考古』 第10期, 科學出版社, pp.1~10; 中國社會科學院考古研究所內蒙古工作隊, 1997, 「內蒙古敖漢旗興隆窪聚落遺址 1992年 發掘簡報」, 『考古』 第1期, 科學出版社, pp.22~26.

1기는 사해유적 1기 즉 F29, F34, F35와 백음장한유적 1기, 소하서 유적, 서량 유적, 유수산유적, 대신정(大新井)유적을 포괄한다.

2기는 흥륭와유적 F2, F3, F171, F220, 남태자유적, 백음장한유적 2기 갑(甲)류, 동채유적의 일부 유구, 분와요유적, 부순영(富順永)유적, 사해유적 F26, F33이 속한다.

3기는 흥륭와유적 F180, 사해유적 F2, F3, F9, F11, F24, F25, F28, F32, F38, F49과 흥륭구유적의 일부 유구이다. 4기는 흥륭와유적 F176, F177, 사해유적 F1, F4~13, F27, F30, F37, F48, F52, F55와 흥륭구유적의 일부 유구이다.

5기는 백음장한유적 2기을(乙)류, 동채유적 일부 유구, 금구산유적 그리고 상택하층이다."라고 하였다.[45]

유국상은 흥륭와문화를 세 시기로 나누었는데, 1기는 흥륭와유적 1기(흥륭와유적 F171과 F220이 대표적), 2기는 흥륭와유적 2기(F180이 대표적), 흥륭구유적, 사해유적 그리고 남태자유적, 3기는 백음장한유적 2기을류가 대표적이라고 하였다.[46]

조빈복은 주로 질그릇 표면에 그려진 무늬의 변화에 주목하여 흥륭와문화를 2기 3단(段)으로 나누었다. 그는 사해유적 일부 유구와 흥륭와문화 F176이 이른 시기의 유구이며, 만기(晩期)의 이른시기[早段]는 사해유석 F5와 흥륭와유적 F123이 대표적이라고 하였다. 만기의 늦은시기[晩段]는 흥륭와유적 F180이 전형성을 가진다고 하였다.[47]

---

45) 陳國慶, 2004, 「興隆窪文化分期及相關問題探討」, 『邊疆考古研究』, 第3輯, 吉林大學 邊疆考古研究中心, 科學出版社, pp.9~22.

46) 劉國祥, 2008, 「西遼河流域新石器時代至早期靑銅時代考古學文化槪論」, 『遼寧師范大學學報』, 社會科學版, pp.114~115.

색수분과 이소병(李少兵)은 흥륭와문화를 세 시기로 나누었는데, 그 중 조기는 흥륭와 1기, 사해 1기, 백음장한 2기 갑류, 남태자유적. 중기는 흥륭와 2기, 3기, 흥륭구, 상백, 동채. 만기는 사해 3기, 백음장한 2기, 동채, 서채, 금구산, 분화요 유적이 여기에 속한다고 하였다.[48]

요녕성문물고고연구소는 사해유적 발굴보고서에서 흥륭와문화의 시기를 4시기로 구분하였는데, 1기는 사해조기와 소하서문화의 소하서유적, 백음장한 1기유적, 2기는 흥륭와, 백음장한 2기 갑류, 남태자, 사해중기, 동채, 3기는 사해만기, 흥륭와, 맹각장 1기, 4기는 백음장한 2기 을류로 분류하였다.[49]

이상에서 살펴본바와 같이 연구자들이 흥륭와문화의 시기를 구분한 분기차이는 매우 큰 것을 볼 수 있다. 그 이유는 흥륭와문화의 질그릇 기형은 비교적 단일한데 비해서 그려진 무늬들이 유적마다 다양하고, 문화층 간에 중첩도 많지 않기 때문이다. 또 취락 형태 및 주거지 형태는 비슷하지만 주거지 내부의 화덕시설, 출토유물이 지역적 차이를 보이기 때문에 선후관계 파악이 어려움이 가장 큰 원인이라 생각한다.

한국에서 흥륭와문화에 대한 전문적인 고고학 연구는 소하서문화와 마찬가지로 찾아보기가 힘들며, 간단하게 소개된 정도이다.[50]

점차 늘어난 요서지역 고고학문화에 대한 관심과 중요성에 따라 개최된 홍산문화에 관한 학술회의에서[51] 흥륭와문화가 홍산문화에 끼친 영향에

---

47) 趙賓福, 2006, 「興隆窪文化的類型, 分期與聚落結構研究」, 『考古與文物』, 第1期, 陝西省 考古研究所, pp.26~27.

48) 索秀芬, 李少兵, 2011, 「興隆窪文化分期與年代」, 『文物』 第8期, 文物出版社, pp.47~52.

49) 遼寧省文物考古研究所, 2012, 『査海-新石器時代聚落遺址發掘報告』 上, 中, 下, 文物出版社.

50) 우실하, 2007, 『동북공정 너머 요하문명론』, 소나무; 우실하, 2007, 『고조선의 강역과 요하문명』, 동아지도.

대한 발표가 있었는데, 이마저도 중국학자들에 의한 것이었다. 한국에서
도 홍산문화 및 관련 고고학문화에 대해 관심이 늘어가고 있지만 자료접
근의 어려움과 연구 의지의 부족함으로 인해 연구가 진행되지는 못했다.

---

51) 2008년 한국의 서울 국립중앙박물관에서 '동북아 평화 정착을 위한 제3회 홍산문화 한중
국제학술회의'가 개최된 바 있다.

3. 요서지역의 자연환경

1) 지형적 특징

소하서문화와 흥륭와문화는 중국 내몽고자치구 동남부와 요녕성 서부 지역에 넓게 분포해 있는데, 요서지역은 요하(遼河)의 서쪽 지역을 일컫는 것으로 행정구역상 요녕성(遼寧省)의 서쪽 지역과 내몽고자치구의 동남부, 하북성의 동북부를 포함한다. 동으로는 요하를, 서로는 대흥안령산맥 남단을, 북으로는 서랍목륜하(西拉木倫河) 유역을, 남으로는 연산산맥과 발해만을 경계로 한다. 또 요하유역에는 의무려산이 있으며, 이곳의 중간지대에는 노로아호산이 동북에서 서남방향으로 길게 뻗어있어 내몽고와 요녕의 경계를 이룬다.

지리적으로는 내몽고 고원과 동북평원이 교차하는 지점에 위치해 있는데 사방이 바다와 높은 산맥으로 막혀있는 형태이다. 때문에 각 지역마다 자연환경의 차이가 나타나는데, 동서간의 차이가 크며 서랍목륜하를 기

〈그림 4〉 요서지역의 주요 산맥과 강

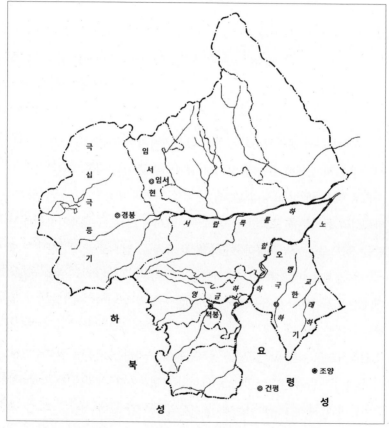

〈그림 5〉 적봉의 주요 행정구역 및 주요 하천(滕銘予, 2009에서 재편집)

준으로 남북 간의 차이 또한 크다. 남북으로 길게 뻗은 세 산맥(대흥안령 산맥, 의무려산, 노로아호산)에 의해 동서 간의 자연환경에 큰 차이가 생긴다. 세 산맥의 고도는 높은 편이 아니지만, 동·서로 불어오는 바람 또한 세지 않기 때문에 산맥들에 의해 쉽게 막히고, 강수량 또한 이 산맥들을 경계로 큰 차이가 난다.[52]

2) 기후적 특징

요서지역은 자연·지리적으로 온난한 대륙성기후와 해양성기후, 그리고 건조하고 찬 대륙성 기후대가 교차하는 지역으로 어느 지역보다 기후변화에 민감한 지역이다. 따라서 신석기시대부터 다양한 문화인들이 흥망성쇠를 거듭해왔다. 신석기시대에는 본 연구의 대상인 소하서문화, 흥륭와문화를 선두로 조보구문화, 홍산문화, 소하연문화 등의 여러 문화가 발달하였다. 청동기 시대로 진입해서는 하가점하층문화가 나타났고, 이후 노로아호산을 중심으로 서쪽에는 유목생활을 한 하가점상층문화 사람들이, 동쪽에는 농경생활을 한 위영자문화(魏營子文化) 사람들이 살아갔다. 이처럼 요서지역의 고대문화는 어느 한 문화만의 양상을 특색이라고 할 수 없으며 다양한 문화 양상이 복잡하게 존재해왔다.

소하서문화와 흥륭와문화유적은 일부 유적을 제외하면 대부분 내몽고자치구 동남부에 위치한 적봉지역에 집중 분포하는데, 적봉 동남부의 오한기를 중심으로 주변지역에 넓게 분포해 있는 형태이다. 전술한 여러 신석기문화들의 명칭 또한 적봉지역의 지명을 따라 지어진 것이 대부분이다.

---

52) 복기대, 2013, 『중국 요서지역의 신석기문화와 초기 청동기시대 연구』, 두솔, pp.9~11; 滕銘予, 2009, 『GIS支持下的赤峰地區環境考古研究』, 科學出版社, pp.1~10.

따라서 적봉지역의 기후를 먼저 살펴보고자 한다.

현재 적봉지역의 연평균 기온은 0~7℃인데, 그 중 북부 일부지역의 연
평균 기온은 영하권이며, 가장 남쪽의 연평균 기온은 7℃ 이상으로 북에서
남으로 갈수록 기온이 올라간다. 서랍목륜하 북쪽 서북 산지의 연평균 최
저기온은 -7℃ 정도인데 연평균 최고기온은 7.5℃이고, 1월의 평균기온은
-18℃~-22℃이고, 7월의 평균기온은 20℃ 이상이다. 반면 서랍목륜하 남
쪽 일부 지역의 연평균 최저 기온은 0.4℃이고 연평균 최고기온은 13.3℃
에 이른다. 그 중 1월의 평균기온은 -12℃~-18℃이고, 7월의 평균기온은
20℃~22℃이다.

적봉지역의 강수량은 대부분의 지역이 350~450㎜이며 한 해 평균 강
수량은 388㎜이다. 산맥에 가로막힌 지형에 계절풍이 가로막히기 때문에,
강수량은 서남에서 동북으로 갈수록 점차 감소하는 추세이다.[53] 적봉지역
의 사계절 강수량분포는 균일하지 않은데, 그 중 6~8월 여름의 강수량은
평균적으로 250~300㎜로 연 강수량의 72%를 차지한다. 또 적봉지역과
그 주변 지역의 40년간의 강수량 통계표를 보면, 해마다 강수량의 편차가
매우 큰 편으로 비가 올 때 일정한 규칙성을 가지고 오는 것이 아님을 알
수 있다.[54]

3) 요서지역 고(古) 환경 연구

중국의 고(古) 기후 연구에 의하면[55] 일반적으로 약 1만년 전 마지막 빙

---

53) 서부 산지의 연 강수량은 450~500㎜정도이며, 동부의 연 강수량은 일반적으로 330~350
㎜정도 이며, 그 중 서랍목륜하 남안의 옹우특기(翁牛特旗) 서부의 연 강수량은 겨우 300
㎜이다.

54) 滕銘予, 2009, 『GIS支持下的赤峰地區環境考古研究』, 科學出版社, pp.1~10.

기가 끝나고, 전신세(全新世)[56]로 진입하였다고 한다. 전신세로 진입한 이후 날씨가 따뜻해졌고, 인류생존에 유리한 온난습윤한 기후로 점점 바뀌어갔다. 전신세 중기가 되면 인류생존에 가장 적합한 기후가 되었는데, 이 시기를 '중국전신세대난기(中國全新世大暖期)' 혹은 '앙소온난기(仰韶文化)'라고 칭한다.

1990년대 이후 중국전신세대난기의 시작을 B.P.8500년 전후로 보고 끝을 B.P.3000년 전후로 보았다. 전신세대난기는 대체로 5500년간 이어졌지만, 기후와 환경의 변화에 따라 지역별로 다른 양상이 나타나기도 한다. 〈표 1〉은 화분 분석자료 분석을 토대로한 요서지역의 고환경을 몇 단계로 구분한 것이다.[57]

〈표 1〉 화분분석 데이터에 기초한 요서지역 고환경 분석표

연 대	특 징	강수량(㎜)
B.P.12000 ~ B.P.10000	▶ 춥고 건조함 ▶ 사막 또는 반(半)사막지대 ▶ 인간이 생활하기 힘듬	
B.P.8500 ~ B.P.7000	▶ 온난건조(현재의 기온과 비슷함) ▶ 남부의 초지 → 삼림(교목과 관목이 공존하는 숲지) ▶ 북부의 사막지대 → 초지	400

---

55) 施雅風, 1992, 『中國全新世大暖期氣候與環境』, 海洋出版社; 王星光, 2005, 「中國全新世大暖期與黃河中下游地區的農業文明」, 『史學月刊』第4期, pp.5~22.

56) 약 1만년 전부터 현재에 이르는 시대를 지칭한다. 충적세, 완신세, 홀로세 등 여러가지로 불려진다. 중국에서는 '전신세대난기(全新世大暖期)'라는 용어를 보편적으로 사용함으로 여기서는 중국 논문에서 지칭하는대로 전신세로 통일하여 쓰고자 한다.

57) Wei Ming Jia, "Transition from Foraging to Farming in Northeast China", Ph.D dissertation, University of Sydney, 2005; 복기대, 2013, 『홍산문화의 이해』, 두솔, p.206.

B.P.7000 ~ B.P.6000	▶ 온난습윤(현재보다 1~2℃ 높음) ▶ 교목(喬木)류가 많아짐 ▶ 양치(羊齒)류의 생장이 활발(축축한 그늘이 있음을 의미) ▶ 삼림 → 온대림	450 ~ 500
B.P.6000 ~ B.P.5500	▶ 온난건조(현재보다 5℃ 높음) ▶ 온대림 → 삼림 or 초지	450
B.P.5500 ~ B.P.5000	▶ 온난습윤(이전 시기보다 기온 하강) ▶ 삼림 형성	500
B.P.5000 ~ B.P.4500	▶ 한랭건조	400
B.P.4500 ~ B.P.3500	▶ 온난습윤	500
B.P.3500 ~ B.P.2800	▶ 한랭건조	400

B.P.8000~B.P.7000은 소하서·흥륭와문화 시기, B.P.7000~B.P.6000은 조보구문화 시기, B.P.6000~B.P.5500은 홍산문화초·중기, B.P.5500~B.P.5000은 홍산문화 후기, B.P.5000~B.P.4500은 소하연문화 시기, B.P.4500~B.P.3500는 하가점하층문화 시기, B.P.3500~B.P.2800은 위영자·하가점상층문화 시기를 나타낸다.

보편적으로 소하연문화를 신석기시대 후기문화로 보고, 하가점하층문화부터 청동기시대 초기문화로 구분한다. 표에 나타난 시기 중 인간이 가장 왕성하게 활동할 수 있었던 시기는 조보구문화 시기와 홍산문화 후기이다. 두 시기가 되면 공통적으로 강수량이 500㎜ 이상으로 늘어나 나무가 우거진 삼림지대가 형성되어 인간의 생활에 필요한 식량과 땔감을 공급해 주었다. 이에 대한 증거는 질그릇의 질에서도 찾아볼 수 있다. 흥륭와문화 시기를 지난 조보구문화 시기에는 경질의 질그릇이 많이 발견되었는데, 경질의 질그릇을 만들기 위해서는 질그릇을 굽는 가마의 온도를 높일 수 있어야 한다. 질그릇 가마의 온도를 높이기 위해서는 나뭇가지나 덤불이 아닌 굵은 교목류의 나무를 땔감으로 써야 한다. 조보구문화 시기에 기온이 상승하고 강수량이 증가하여 생활환경이 좋아졌다는 것이다.[58]

똑같은 양상은 홍산문화 후기에도 나타난다. 조보구문화 시기를 지나 기온이 더욱 상승하고 강수량은 줄어들었다. 건조한 기후 속에서 숲들은 줄어들었고 우거졌던 온대림은 삼림이나 초지로 바뀌어 갔다. 때문에 이 시기의 홍산문화 유적 및 유물들은 홍산문화 후기의 것보다 질이나 크기 면에서 매우 떨어질 수 밖에 없다. 이후 강수량이 증가하고 기온이 약간 하강하면서 조보구문화 시기와 비슷한 환경이 형성되었고, 홍산문화 후기의 사람들은 우하량유적과 같은 수준높은 문화를 영위할 수 있었다.

그 이전으로 돌아가서 소하서·흥륭와문화가 나타나는 시기가 되면 이전 시기보다 기온이 상승하고 강수량이 증가해 사람들이 식량을 채집하고 땔감을 구하기가 용이해졌다. 이전시기에 비해 상대적으로 좋은 조건이지만, 아직까지 삼림이 많이 형성되지 못하였고 대부분 척박한 초지였다. 때문에 소하서·흥륭와문화 시기에 만들어진 질그릇들은 후기단계가 되기 전까지 모래가 낀 연질 질그릇이 많이 보인다.

또 소하서·흥륭와문화 시기가 되면 기후가 따뜻해지고 강수량이 일정 수준 유지되기 때문에 원시적인 농경이 시작되었을 가능성이 연구되고 있다. 먼저 농경은 정주생활을 함에 있어 중요한 비중을 차지하는데, 흥륭와문화에서 이미 장기간 지속된 마을과 공동시설이 발견되는 만큼 정주생활이 시작되었다고 할 수 있다. 원시적인 농경이 시작되었다고 볼만한 흔적들 또한 발견되었는데, 탄화된 좁쌀[粟], 기장[黍] 등이 대표적이다. 특히

---

58) 복기대, 2013, 『홍산문화의 이해』, 두솔, p.121.

탄화된 좁쌀은 중국 내에서도 가장 연대가 올라가는 것으로 보고 있다.[59] 하지만 농경도구로 볼만한 유물들이 큰 비중을 차지하지 못한 점 등을 들어 농경에만 의지하여 생활하는 수준은 아니었던 것으로 보고 있다.

이에 반해 짐승의 뼈, 어류의 뼈 등이 주거지나 저장구덩이에서 많이 발견 되었고, 어로도구 등이 매우 발달한 점 등을 볼 때 소하서·흥륭와문화 시기에는 어로와 수렵이 매우 중요한 생존 수단으로 작용했을 것이다. 종합하여 본다면 이 시기에는 농업을 기본으로 하고 물고기잡이와 사냥 등이 보완되는 형태의 경제구조를 가지고 있었다.

---

59) 韓 英, 2013, 「興隆窪文化的生産工具與經濟形態」, 『赤峰學院學報』 第8期, 赤峰學院歷史文化學院, pp.4~6.

Ⅱ장
요서지역
초기 신석기문화의 양상

일반적으로 중국 요서지역의 신석기문화는 B.C.7000년 경의 소하서문화를 시작으로, B.C.6000년 경의 흥륭와문화, B.C.5000년 경의 부하문화, 조보구문화, B.C.4500년 경의 홍산문화, 그리고 B.C.3000년 경의 소하연문화로 이어진다. 각 문화들은 연대와 문화특징을 근거로 세 시기로 구분된다. 전기는 소하서문화와 흥륭와문화, 중기는 부하문화, 조보구문화, 홍산문화, 후기는 소하연문화 로 나눌 수 있다. 그러므로 이 글에서는 주로 소하서문화와 흥륭와문화를 중심으로 문화의 분포범위 및 연대, 주거지, 유물 등으로 세분하여 분석해 보고자 한다.

1. 소하서문화

소하서문화는 요서지역에서 발견된 신석기문화 중 가장 이른 시기의 문화로 정의되고 있으며 이에 속하는 유적으로는 소하서유적, 유수산·서량유적, 백음장한유적 등이 있다. 소하서문화 유적의 공통된 특징 중 가장 눈에 띄는 것은 민무늬에 거친 모래질 바탕흙의 통형관이다. 무늬가 새겨진 통형관 보다는 문양이 없는 통형관이 주를 이루고 있으며 구운 온도가 낮은 것으로 보아 원시적인 수준으로 제작된 것으로 판단된다. 무늬가 있는 통형관은 소량 발견되었으며, 무늬는 유적별로 많은 차이를 보이고 있다.

〈그림 6〉 소하서유적 전경

〈그림 7〉 유수산유적 전경

〈그림 8〉 유수산유적에서 채집한 소하서문화 질그릇

〈그림 9〉 적봉지역의 소하서문화 주요유적 분포지도

모래질의 거친 바탕흙의 민무늬 통형관을 주요 기종으로 하는 유적들은 지표조사 결과 수십여 곳이 발견된 상태이지만, 발굴이 이루어지고 보고서(혹은 간보)가 발간된 곳은 전술한 세 곳의 유적 밖에 없어 자료획득에 큰 어려움이 있다.[60] 이러한 점은 소하서문화 연구에 가장 큰 걸림돌이라고 할 수 있다.

1) 분포범위 및 연대

현재 발견된 소하서문화의 유적은 적봉지역에서만 총 44곳으로 각 유적에서 주거지, 저장구덩이, 무덤, 각종 유물들이 발견되었다. 적봉지역에서 발견된 유적은 대부분 서랍목륜하 이남에 위치하고 있으며, 특히 동남부에 위치한 오한기(敖漢旗)지역에 집중되어 있다. 이에 반해 적봉 중부와 서부에서는 상대적으로 매우 적게 발견된다.[61] 서랍목륜하 이남지역에서 발견된 소하서문화 유적은 총 42곳으로[62] 발굴된 주요 유적은 맹극하(孟克河)유역, 교래하(敎來河), 노합하(老合河) 양안(兩岸)의 구릉지대에 위치한다.[63] 본 연구에서는 소하서문화의 연구대상을 소하서유적, 유수산·서량유적, 백음장한유적으로 한정하였는데, 이는 발굴보고서 및 발굴간보가 발간된 유적만을 선정한 것이다. 이 유적들 외에 적봉지역 내의 40여 곳

---

60) 李恭篤·高美璇, 1986, 「一種時代偏早的原始文化類型的發現」, 『北方文物』; 李恭篤·高美璇, 1998, 「遼西楊家遺址發現目前我國北方更早的新石器時代文化遺存」, 『青年考古學家, −北京大學百年校慶特』第十期; 李恭篤·高美璇, 2014, 「大遼西芦麓島市楊家窪遺址文化性質的初步認識」, 『尋覓與探索』, 文物出版社.

61) 滕銘予, 2009, 『GIS支持下的赤峰地區環境考古硏究』, 科學出版社, p.34.

62) 滕銘予, 2007, 「GIS在西拉木倫河以南地區環境考古硏究中的初步應用」, 『內蒙古文物考古』, 第1期, 內蒙古文物考古硏究所, p.50.

63) 席永杰·張國强·王 苹·孫永强, 2011, 『西遼河流域史前陶器紋飾圖錄』, 內蒙古人民出版社, 內蒙古出版集團, p.7.

〈그림 10〉 소하서 문화의 젖줄 맹극하

〈그림 11〉 적봉지역의 소하서문화 유적 분포지도(滕銘予, 2009)

의 유적들은 지표조사만 된 상태이며, 제대로 된 보고서나 목록이 나오지 않은 상황이다.

소하서문화의 연대는 중국의 학자들이 유구 간 지층관계와 유물 양상 등에 근거해서 B.C.6200년 전의 문화로 추정한 것으로 연대측정 자료를 활용한 것은 아니기 때문에[64] 객관적이라고 볼 수는 없다. 소하서문화 유적 중 연대측정이 이루어진 곳은 유수산·서량유적 밖에 없는데, 이 결과는 흥륭와 문화 중기 단계보다 늦은 시기로 측정되었다[65](표 1). 이러한 결과 때문에 소하서문화가 흥륭와문화보다 이른 시기의 문화라는 기존의 연구에 의심을 제기하게 된다.

즉, 소하서문화를 하나의 독립적인 문화로 명명하고 있지만, 무문의 모래가 낀 통형관을 주요 특징으로 가진다는 점을 제외하면 문화로 인정할 만한 충분한 문화양상이 없으며, 발굴 자료와 절대연대 측정 자료의 부족 등으로 인해 깊이 있는 연구도 진행되지 못하고 있다. 따라서 소하서문화의 '문화' 명명에 대해서는 다시 생각해 볼 필요가 있을 것으로 생각한다.

〈표 2〉 유수산·서량유적의 연대측정표

유 적 명	시료 번호	연 대
유수산	목탄 ZK-2301	B.C.5170±135년
	짐승뼈 ZK-2302	B.C.5760±120년
서 량	짐승뼈 ZK-2303	B.C.5280±160년

---

64) 楊 虎·林秀貞, 2009a, 「內蒙古敖漢旗小河西遺址簡述」, 『北方文物』 2輯, pp.5~6; 趙賓福·杜戰偉, 2014, 「小河西文化檢析」, 『考古學研究』 1期, 中國國家博物館館刊, pp.17~25.
65) 中國社會科學院考古研究所, 1983, 『中國考古學中碳十四年代數據集 1965-1981』, 文物出版社, pp.22~26.

2) 주거지

소하서문화의 주거지로는 소하서유적에서 3기[66], 유수산에서 10기, 서량에서 15기[67], 백음장한에서 3기가[68] 발굴되었다. 주거지의 평면은 대부분 모줄임 방형[圓角方形][69]이나 모줄임 장방형[圓角長方形]의 지하식[豎穴式] 건축인데, 가장 많은 수가 발굴된 유수산·서량의 주거지 형태는 제형과 불규칙형이 추가로 보인다. 일반적으로 주거지 면적은 15~50㎡이며 주거지의 중앙에 화덕시설[爐址]이 있다. 출입시설이 없는 것으로 보아 출입구는 지붕에 있었던 것으로 추측된다.

어떤 주거지에는 내부에 개나 사람을 묻기도 하였다. 소국전(邵國田)은 주거지 내의 무덤(중국 내에서 居室墓라 칭함)이 제사활동의 일환으로 생겨난 것으로 보았다.[70] 이 실내무덤은 요서지역 선사문화에서 종종 보이는데, 흥륭와문화에서도 나타나는 매장법이다. 다음은 각 유적별로 특징적인 주거지를 살펴본 후 그 양상을 파악해 보겠다.

(1) 소하서 유적[71]

소하서유적은 내몽고자치구 오한기 목두영자향(木頭營子鄕) 목두영자촌(木頭營子村) 소하서촌(小河西村)에 위치한다. 1987년 7월부터 8월까지 중국학자 양호의 책임하에 발굴이 진행되었다.

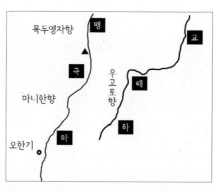

〈그림 12〉 소하서유적의 위치(▲)

〈그림 13〉 소하서유적지 전경

〈그림 14〉 소하서유적 전경

66） 楊 虎·林秀貞, 2009a,「內蒙古敖漢旗小河西遺址簡述」,『北方文物』2輯, 北方文物雜志社, p.3.

67） 楊 虎·林秀貞, 2009b,「內蒙古敖漢旗楡樹山, 西梁遺址房址和墓葬綜述」,『北方文物』2輯, 北方文物雜志社, p.7.

68） 內蒙古自治區文物考古硏究所, 2004,『白音長汗』上, 科學出版社, p.17.

69） 모줄임이란 주거지 모서리를 죽여 둥글게 처리한 형태를 말한다.

70） 邵國田, 2004,『敖漢文物精華』, 敖漢旗博物館, 內蒙古文化出版社, pp.9~10.

71） 楊 虎·林秀貞, 2009a,「內蒙古敖漢旗小河西遺址簡述」,『北方文物』2輯, 北方文物雜志社, pp.3~6.

발굴된 주거지는 F1, F2, F3의 총 3기로, 비교적 파괴가 심하지 않고 잘 남아있는 편이다. 발굴된 3기의 주거지 평면은 모줄임 방형이 2기, 모줄임 장방형 1기이다. 주거지 내에서는 유물이 발견된 얕은 구덩이[淺坑]가 발견되기도 한다. 주거지는 모두 표토층 아래에서 나타나는데, 생토를 파괴하고 만들어졌다. 주거지 내에는 대체로 2층의 퇴적층이 형성되어있다. 아래는 자세한 유구 양상이다.

가. F1

주거지의 기본 형태는 지하식의 모줄임 장방형이다. 남북길이 4.2m, 동서너비 2.75m로 면적은 11.5㎡이다. 주거지의 서벽은 황색의 생토(生土)를 손질 없이 그대로 사용하였다. 바닥면은 옅은 황갈색인데, 비교적 평평하지만 다듬거나 다진 흔적은 보이지 않는다. 화덕시설은 주거지 평면상의 중앙부에 위치하는

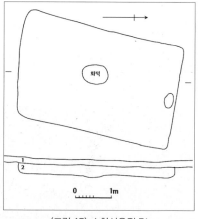

〈그림 15〉 소하서유적 F1
(楊 虎·林秀貞, 2009a)

데, 불에 타 바닥 색이 붉다. 화덕시설에는 어떠한 가공흔적도 보이지 않으며, 원형에 가깝고, 직경은 50cm, 불탄 흙의[燒土] 두께는 5cm이다. 주거지 북벽 중간에는 타원형의 기둥구멍[柱孔] 하나가 있는데 직경 30cm, 깊이 40cm이다. 주거지 내에 회갈색 퇴적층(F1:①)에서는 무문의 모래가 낀 회갈색 질그릇편[素面夾沙灰褐陶片] 2점과 갈돌[摩棒] 1점, 조개도구[蚌器] 1점 등이 발견되었다. F1②층 거주면(居住面)에서는 석구(石球) 3점과

기타석기 2점이 발견되었다.

나. F2

모줄임 방형의 지하식으로 옅은 황색
의 생토층을 파괴하고 형성된 유구이다.
거주면은 지표에서 15~20㎝ 들어가 있
으며, 주거지 내부 바닥은 회갈색으로
토질은 연하고 부드러운 편이다. 소량
의 모래가 낀 질그릇편[夾沙陶片]과 다
량의 조개껍질[蚌殼]이 발견되었다. 동
벽길이 4.4m, 서벽길이 4.5m, 남벽과
북벽길이는 모두 3.8m이며 면적은 17
㎡이다. 옅은 황색의 생토층은 다듬거

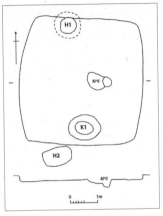

〈그림 16〉 소하서유적 F2
(楊虎·林秀貞, 2009a)

나 가공한 흔적이 없으며, 지면도 다듬지 않아 매끄럽지 않은데, 남쪽이
높고 북쪽이 낮다. 주거지의 동남쪽 모서리 한 쪽에는 비교적 단단한 바
닥 부분이 있는데 이는 다진 흔적으로 보인다. 주거지 북쪽에는 저장구덩
이 1기(H1)가 있다. 주거지 남부에는 원형의 얕은 구덩이(K1)가 있고, 기
둥구멍과 출입시설은 발견되지 않았다. 화덕시설은 주거지 중심부에서 약
간 동쪽으로 치우친 곳에 있으며 불규칙한 표주박형태[瓢形]이다. 동서 길
이 84㎝, 남북 너비 61㎝, 깊이 15~30㎝이다. 바닥은 비교적 평평하며, 남
쪽부분이 불탄 흙으로 홍색의 단단한 토양이다. F2주거지에서 출토된 유
물로는 돌 곰배괭이[石鋤][72], 갈돌[石磨棒], 석구(石球) 등의 여러 석기류와
소량의 질그릇편이 있다. K1에서는 돌도끼(石斧) 1점, 갈돌 1점이 출토되

---

72) 유견석기라고도 하며 중국에서는 서형기(鋤形器) 혹은 석서(石鋤) 등으로 불린다.

었다. 저장구덩이에서는 석기 1점이 출토되었다.

다. F3

모줄임 방형의 지하식주거지이
다. 완만한 산비탈에 걸쳐있는 형태
이기 때문에 서쪽이 높고 동쪽이 낮
다. 깊이는 30~50㎝, 동벽 및 남벽
과 북벽의 길이는 모두 4.25m이고
서벽은 4.5m, 전체 면적은 19.5㎡
이다. 거주면은 가장자리가 약간 높
고 중앙부가 약간 낮다. 주거지 서
쪽부분을 보면 거주면이 인공적으
로 파괴된 흔적이 있다. 화덕시설은

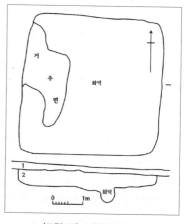

〈그림 17〉 소하서유적 F3
(楊 虎·林秀貞, 2009a)

주거지 중앙에 있으며 표주박 형태이고 길이 1.25m, 너비 1m이다. 화덕
시설 바닥은 이미 소성되어 붉은색을 띤다. 화덕시설 내부의 퇴적은 두 층
으로 되어있는데 1층은 흑색의 탄화토이며 두께는 8㎝이고 유물은 발견되
지 않았다. 2층은 초목탄(草木灰)의 흔적이 보이며 두께는 7㎝이다. F3주
거지에서 발견된 유물은 F1과 F2에서 발견된 것보다 풍부하다. 질그릇편
약간과 돌도끼, 좀돌날몸돌[石核], 갈돌 등의 석기와 가공된 조개도구, 뼈
도구 등이 발견되었다.

소하서유적에서 발견된 주거지를 정리해 보면 평면상 모줄임 방형과
모줄임 장방형의 두 유형이 발견되었는데, 큰 차이는 없다. 면적 또한 F1,
F2, F3주거지 각각 11.5㎡, 17㎡, 19.5㎡로, 지나치게 크거나 작은 것이
없다. 중앙에는 화덕시설이 있는데, 타원형과 불규칙한 표주박형의 두 종

류가 발견되었다. 바닥면은 불을 먹여 단단하게 만든 주거지와 단단하게 눌러 다진 주거지가 있다. F1 내에서는 기둥구멍이 발견되었고, F2와 F3 내에서는 기둥구멍이 발견되지 않았다. F2 내에서는 2개의 저장구덩이가 발견되었다. 하지만 출입시설은 3곳 모두 발견되지 않았다.

소하서유적의 주거지 형식은 크기의 차이가 있지만 대부분 출입시설이 없는 모줄임 방형과 모줄임 장방형임을 알 수 있다. 유물 또한 질그릇편, 갈돌, 갈판 등의 공통기종들이 출토되었다. 특징적인 것은 화덕시설의 형태인데, F1을 제외하고 나머지 주거지에서는 비교적 큰 표주박형의 화덕시설이 보인다.

(2) 유수산·서량 유적[73]

유수산유적은 오한기 마니한향(瑪尼罕鄕)에 위치하며, 서량유적은 오한기 우고토향(牛古吐鄕)에 위치한다. 두 유적 모두 맹극하 우안에 위치하는데 서로 500m가량 떨어져 있다. 유수산과 서량(천근영자)유적은 1988년

〈그림 18〉 유수산·서량유적의 위치(▲)

10월부터 11월까지 중국사회과학원 고고연구소 내몽고공작대에 의해 발굴되었다.

유수산·서량유적에서 발견된 주거지는 소하서와 마찬가지로 모두 지하

---

73) 楊 虎·林秀貞, 2009b, 「內蒙古敖漢旗楡樹山, 西梁遺址房址和墓葬綜述」, 『北方文物』 2
輯, 北方文物雜志社, pp.7~11.

〈그림 19〉 유수산유적지 전경

〈그림 20〉 유수산유적 명칭의 유래가 된 버드나무[柳樹]

〈그림 21〉유수산유적에서 바라본 서량유적

식이다. 화덕시설의 위치 또한 대
부분이 주거지 중앙이며 원형, 타
원형과 표주박형이 있다. 발견된
기둥구멍의 수는 주거지마다 차이
가 있는데, 가장 많이 발견된 곳
은 8개로 화덕시설 주변에 분포한
다. 어떤 주거지에는 한 쪽 벽이
돌출되어 있어 그곳에 작은 움(窨)
을 가지는 경우도 있다. 주거지의
면적은 대형, 중형, 소형으로 구분

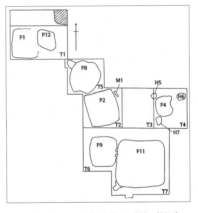

〈그림 22〉유수산유적 유구 배치도(일부)
(楊 虎·林秀貞, 2009b)

할 수 있는데, 가장 작은 것이 12㎡이며, 일반적으로 28~39㎡, 가장 큰 것
이 96㎡이다. 주거지의 평면 형태는 대체로 모줄임 방형, 모줄임 장방형,
제형(梯形) 그리고 불규칙형의 4종류가 있다.

발굴된 25곳의 주거지 평면은 방형이 10기, 장방형 1기, 제형 7기, 불규칙형 7기이다. 주거지 내에서는 얕은 구덩이가 발견되기도 한다. 주거지는 모두 표토층 아래에서 나타나는데, 생토를 파괴하고 만들어졌다. 주거지 내에는 적게는 2층, 많게는 6층의 퇴적층이 형성되어있다. 이 중 주거지의 평면 형태별로 몇 가지의 유구를 정리해보고자 한다.

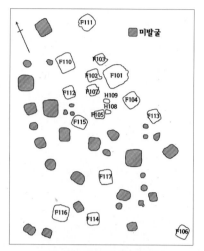

〈그림 23〉 서량유적 유구 배치도
(楊 虎·林秀貞, 2009b)

나. F104(모줄임 방형)

서량 F104의 평면 형태는 모줄임 방형이다. 정북향이며 한 변의 길이는 5.8m이다. 잔존 깊이는 0.14~0.26m이다. 남벽의 중앙에는 바깥으로 돌출되어 있는 소움이 있다. 2개의 얕은 구덩이가 있다(K105, K106). 화덕시설은 중앙에 있으며 원형이다.

다. F107(모줄임 방형)

서량 F107은 모줄임 방형에 가깝다. 정북향이며, 한 변의 길이는 3.6m이다. 잔존 벽 깊이는 0.4m이다. 동벽에는 바깥으로 돌출된 소움이 있다. 화덕시설은 중앙에 있는데, 타원형이다. 1개의 기둥구멍이 발

〈그림 24〉 서량유적 F107
(楊 虎·林秀貞, 2009b)

견되었는데, 구멍 바닥에는 돌덩어리 3개가 괴어져 있었다.

가. F110(모줄임 방형)

서량 F110은 평면이 모줄임 방형이다. 길이와 너비는 모두 6.5m이며 면적은 42㎡이다. 동북쪽 모서리는 구덩이 K110에 의해 약간 파괴를 당했다. 화덕시설은 중앙에 위치하며, 표주박형이다. 바닥은 비스듬히 경사가 져 있는데, 흑색의 초목탄이 덮여 있다. 거주면에는 2층단이 형성되

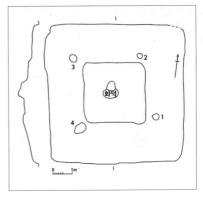

〈그림 25〉 서량유적 F110(楊 虎·林秀貞, 2009b)

어 있으며 4개의 기둥구멍이 둘레에 대칭해 있다. 기둥구멍의 최대 직경은 1m, 최소직경은 0.33m이다.

라. F11(모줄임 장방형)

유수산 F11은 모줄임 장방형에 가까우며, 길이 10m, 너비 9.6m의 정북방향의 주거지이다. 서남쪽 모서리에는 밖으로 길이 1.05m, 너비 1~2m의 돌출된 소움이 있다. 네 벽은 모두 직벽인데, 가공흔적은 없다. 거주면도 비교적 양호하고 흑회색의 단단한 바닥을 가진다. 화덕시설의 위치는 중앙에서 동쪽으로 약간 치우쳐 있으며 원형에 가깝고, 내부에는 붉은 불탄 흙이 퇴적되어 있다. 주거지 내에는 모두 8개의 기둥구멍이 발견되는데, 구경은 0.2~0.4m로 각각 상이하다. 기둥구멍의 벽은 수직이며, 바닥에는 돌덩어리나 질그릇조각들을 넣어 괴었다. 주거지 내의 퇴적층은

6개로 나눠지고 출토유물이 풍부한 편이다. 복원가능한 관(罐) 1점과 대량의 모래가 낀 질그릇 편이 발견되었다. 그 외에도 석기, 뼈도구, 석관주(石管珠) 등이 있다. 거주면상에서는 갈돌과 갈판 등의 곡물 가공석기들이 발견되었다.

마. F9(제형)

유수산 F9의 면적은 23.1㎡이다. 평면은 뒤집힌 제형(梯形)으로 보존상태는 양호하다. 가장 깊은 곳은 1.2m이다. 주거지 내에는 너비 1.2~1.95m의 2층단을 가지고 있다. 대의 두께는 0.1~0.2m이고, 테두리가 높고 가운데가 낮다. 네 벽에는 불에 탄 흔적들이 발견되며 색은 홍색, 청색, 회색 등이다. 거주면의 일부는 그 상태가 양호하다. 화덕시설은 중앙에 있으며 평면은 원형이다. 주거지의 단면은 정저형(鼎底形)이다. 네 모

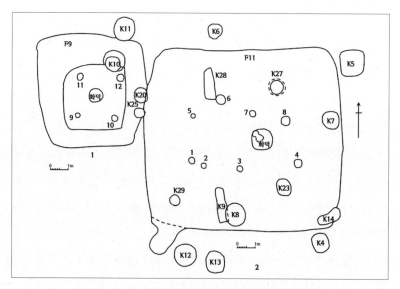

〈그림 26〉 유수산·서량유적 F9(1), F11(2)(楊 虎·林秀貞, 2009b)

서리에서는 4개의 기둥구멍이 발견되었는데, 구경은 0.3~0.4m이다. 바닥에는 돌이 괴어져 있었다. K10, K11은 저장용 구덩이다. 구경은 각각 0.75m, 1.5m이다. 구덩이 K25, K26은 F11 서벽의 일부를 파괴했다.

바. F102(제형)

서량유적 F102의 면적은 18.4㎡이다. 평면은 제형이며, 동남부 모서리에는 비교적 큰 소움이 있다. 동벽은 M101에 의해 파괴되었다. 보존 상태는 좋지 않으며, 화덕시설 또한 파괴되었다. 기둥구멍은 발견되지 않았다.

〈그림 27〉 유수산·서량유적 F102
(楊 虎·林秀貞, 2009b)

사. F3(불규칙형)

유수산 F3은 불규칙형으로 산비탈을 따라 형성되었으며, 거주면은 서쪽이 높고 동쪽이 낮다. 네 벽은 각각 높이가 다른데, 세 면은 1.1~1.25m 의 평평한 생토층이다. 화덕시설은 주거지 중앙에 위치하며 평면형태는 원형이다. 화덕시설 내에는 흑색의 초목탄이 퇴적되어있다. 또 2개의 기둥구멍이 발견되었다. 남벽 내에는 타원형의 저장

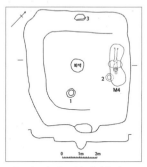

〈그림 28〉 유수산·서량유적 F3
(楊 虎·林秀貞, 2009b)

구덩이가 있다. 동벽 근처에서는 실내무덤(M4)이 발견되었다.

아. F14(불규칙형)

유수산 F14도 형태가 불규칙한데, 서남쪽 모서리에 바깥으로 돌출된 소움이 있다. 거주면에는 2층단이 형성되어있고, 북벽과 서벽 대의 너비는 1.17~1.65m이다. 화덕시설의 위치는 주거지 중앙이며, 평면형태는 표주박형이다. 바닥은

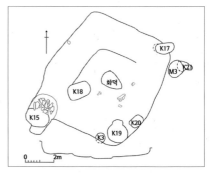

〈그림 29〉 유수산·서량유적 F14
(楊 虎·林秀貞, 2009b)

비교적 평평하며, 내부에는 회토(灰土)가 채워져 있다. 주거지 내에는 모두 6개의 얕은 구덩이이 있는데, K15는 서남쪽 모서리에서 바깥으로 돌출된 부분에 있으며, 그 내부에는 약간의 돌덩이들이 쌓여있다. 주거지의 동북 모서리 바깥으로 원형 묘(M3)가 있는데, 얕은 구덩이 K21을 파괴했다.

자. F106(불규칙형)

서량 F106 역시 네 벽이 곧지 못하다. 주거지는 2층의 퇴적층을 가진다. 화덕시설은 주거지 서쪽에 있으며, 평면은 원형이다. 기둥구멍은 보이지 않는다. 실내에는 2개의 얕은 구덩이가 있다. 구덩이 내부에는 웅크리고 있는 개의 뼈가 발견되었는데, 뼈의 위치가 흐트러져 있었다.

위에서 살펴본 것을 정리해 보면, 유수산과 서량유적의 주거지 형식은 4종류로 모줄임 방형, 모줄임 장방형, 제형, 불규칙형이 있다. 화덕시설의 형식과 위치는 모두 비교적 고정되어 있으며, 원형 화덕시설이 가장 많고, 표주박형과 난원형(卵圓形)이 차례로 많다. 발굴된 주거지의 상태는 좋지

못한 경우가 많으며, 기둥구멍이 없는 주거지가 더 많다. 많은 주거지의 모서리에서 소움시설이 발견되었는데, 발굴 책임자였던 양호와 임수정은 이것을 문(門)의 이른 형태라고 추정하였다.[74]

거주면에는 2층단이 많이 발견되었는데 이 주위로 기둥이 설치되었던 흔적이 보인다. 실내외로 얕은 구덩이들이 많이 보이는데, 석기 등의 공구들이 많이 매장되어 있었고 그 외의 저장구덩이 또한 많이 발견되었다. 주거지 면적은 소하서유적에 비해 큰 편인데, 가장 큰 면적(96㎡)을 가진 주거지(F11)는 공공 활동 시설로 보인다. 그 외 대다수의 주거지 면적은 30~40㎡이다.

유수산·서량유적의 주거지 내에는 무덤이 발견되기도 한다. 모두 두 곳에서 나타나는데, 각각 장방형과 원형의 수혈묘이다. 사람이 묻힌 무덤 외에 서량 F106 주거지 내부에는 개의 몸을 굽혀 묻은 구덩이가 있는데 양호와 임수정은 이 개가 종교의식과 관련이 있다고 하였다. 무덤에 대한 더 자세한 내용은 소하서문화의 무덤 파트에서 다시 다루겠다.

(3) 백음장한유적[75]

백음장한유적은 내몽고자치구 임서현의 최남단에 위치하는데 서랍목륜하 남단에 위치한 앞의 두 유적과는 다르게 서랍목륜하 북안에 위치하고 있다. 백음장한유적은 1988년, 1989년, 1991년에 총 세차례 발굴되었다. 소하서유적 뿐만 아니라 흥륭와문화, 홍산문화, 조보구문화의 유구들이 중복되어 나타났다.

---

74) 楊 虎·林秀貞, 2009b, 「內蒙古敖漢旗楡樹山, 西梁遺址房址和墓葬綜述」, 『北方文物』 2輯, 北方文物雜志社, pp.7~11.

75) 內蒙古自治區文物考古研究所, 2004, 『白音長汗』 上, 科學出版社, pp.26~318.

그 중 백음장한에서 발견된
소하서문화 주거지는 총 3곳
으로 모두 기본적으로 모줄임
방형의 평면을 가지며 돌출형
[凸字形]출입시설이 있는 주거
지도 보인다. 주거지는 유적의
서남부 언덕에 집중분포 하는
데, 언덕의 비탈진 부분에 위
치하며, 주거지의 방향은 각
각 다르다. 유수산과 서량유적

〈그림 30〉 백음장한유적의 위치(▲)

의 주거지와는 면적에서 약간 차이가 있는데, 14~96㎡ 사이이다. 주거면
은 생토면을 그대로 사용한 것과 흙손질을 한 두 종류이다. 벽 또한 생토
벽을 그대로 사용한 것과 흙손질을 한 두 종류인데, 4벽이 모두 높이 솟아
오른 형식과, 2, 3곳만 비교적 높은 형식이 있다. 주거지 내에는 판돌로 만
든 장방형의 화덕시설, 지면에 구덩이를 만든 원형의 화덕시설 2가지 형
식이 있다. 출입문은 평면이 제형(梯形)인데, 약간의 경사가 있다. 일반적
으로 4~8개의 기둥구멍이 있다. 바닥에는 돌덩이들을 화덕시설 주위에 돌
렸다.

가. BF42

BF42는 유적의 서남부 산의 동북쪽 언덕에 위치한다. 방형 지하식 주
거지로 남북 너비는 5.3m, 동서 길이는 4.5m이다. 벽은 생토층을 그대
로 사용했으며 비탈에 위치해있어 서쪽은 깊고 동쪽은 얕다. 서벽의 잔고
(殘高)는 27cm, 동벽의 잔고는 10cm이다. 출입시설은 동벽 가운데에 바

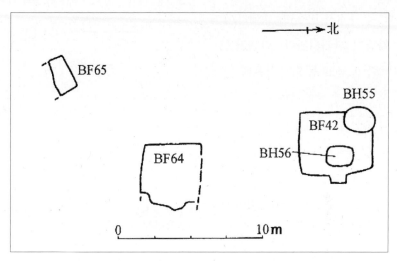

〈그림 31〉 백음장한유적 소하서문화 유구 분포도(內蒙古自治區文物考古硏究所, 2004)

끝으로 돌출되어있으며, 약간의 경사가 있다. 너비는 70~125cm, 높이는 10~15cm이다. 바닥면은 생토면을 그대로 사용하였다. 화덕시설은 발견되지 않는데, BH56에 의해 파괴된 것으로 보인다. 거주면 내에서 발견된 유물은 없고, 퇴적층 내에서는 갈돌 1점, 공이[石杵] 2점, 짐승뼈 1점 등이 출토되었다.

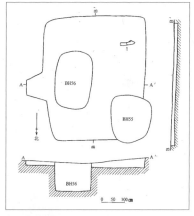

〈그림 32〉 백음장한유적 소하서문화 주거지 BF42
(內蒙古自治區文物考古硏究所, 2004)

나. BF64

BF64는 유적의 서남부 산의 동쪽 언덕에 있는데 북부에 있는 흥륭와문화 주거지 BF63에 의해 1/4 가량이 파괴되었다. 지표면은 서쪽이 높고 동쪽이 낮은데 경사 때문에 동쪽 벽이 비에 쓸려 가는 등 파괴가 심하다. 평면은 모줄임 방형이며 남벽의 길이는 3.5m, 서벽의 잔존 길이는 4.25m, 북벽의 잔존 길이는 2.6m이다. 서쪽 벽이 가장 높으

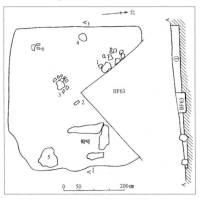

〈그림 33〉 백음장한유적 소하서문화 주거지 BF64(內蒙古自治區文物考古研究所, 2004)

며, 동쪽으로 갈수록 점점 얕아진다. 동쪽벽은 0.3m이다. 서벽 상단은 흙벽을 불다짐 하였으나 하단은 생토벽을 그대로 사용하였다. 출입시설은 이미 파괴된 것으로 보인다. 주거지 바닥은 잘 다져져 있는데, 평평하고 견고한 편이다. 화덕시설은 주거지 내 동벽 부근에 위치하는데, 장방형의 구덩이를 얕게 판 후 네 벽에 빈틈없이 판돌을 세워 장방형의 화덕시설을 만든 것이다. 동남부의 판돌은 유실되었으며, 남북 길이는 1.4m, 동서 너비는 1.8m, 깊이는 0.1m이다. 이 시설 내에서는 목탄과 붉은색을 띠는 불탄 흙이 발견되었다.

유물은 화덕시설 서측에서 갈돌 1점이 발견되었으며 주거지 중앙에서 질그릇 편들이 무더기로 발견되었다. 서북부에서도 역시 질그릇 편

〈그림 34〉 흥륭와문화 주거지에 의해 파괴된 소하서문화 주거지 BF64(內蒙古自治區文物考古研究所, 2004)

들이 무더기로 발견되었으며, 복원 가능한 통형관 편이 있었다. 주거지 내 서남부 모서리에는 짐승 뼈가 발견되었다.

앞서 이 주거지가 흥륭와문화 주거지 BF63에 의해서 파괴되었다고 언급하였다. 중국 내에서 '소하서문화가 흥륭와문화보다 이른 시기의 문화이고 그 연대가 B.C.6200년 이전이다'라고 주장하는 근거가 되고 있다. 하지만 BF63의 연대가 B.C.6200라고 측정된 적이 없기 때문에 이 주장은 설득력은 크게 떨어진다.

다. BF65

BF65는 유적의 서남부 산의 동남쪽 언덕에 있는데, BF64로부터 서남쪽으로 5m 떨어져 있다. BT392①층 아래에서 발견되었으며 생토층을 파괴하고 만들었다. 평면은 장방형의 지하식이며 방향은 두 주거지와 다르다. 서남-동남방향 벽의 너비는 2.73m, 잔존하는 세로 길이는 1.7m이다. 남

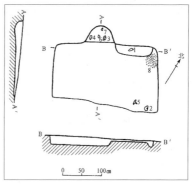

〈그림 35〉 백음장한유적 소하서문화 주거지 BF65(內蒙古自治區文物考古硏究所, 2004)

쪽 부분은 유실되었으나, 북쪽 부분은 비교적 잘 남아 있다. 깊이는 0.2m 이다. 바닥면은 생토면을 그대로 사용하였는데, 그다지 평평하지 않다. 주거지내 동북 모서리에서 붉은 불탄 흙이 발견되었는데, 원형이며 직경 약 0.3m, 두께는 0.02m이다. 지면의 화덕시설로 보인다. 서북쪽 벽에는 장방형의 토대(土臺)가 있는데, 벽과 연결되어 있다. 길이 1m, 너비 0.25m, 높이 0.1m이다. 서북 벽 중앙에는 반원형의 벽감이 있다. 그 밑바닥은 주

거지 바닥면보다 낮은데 너비는 0.8m, 길이는 0.43m이다. 주거지 내에서 발견된 유물로는 질그릇편과 동물 다리뼈가 있다. 토대에는 돌잔[石杯] 1점이 있으며(BF65②:1) 벽감 바닥에는 질그릇편, 돌 덩어리, 강 조개(河貝)와 불에 탄 뼈 등이 있다.

소하서문화 세 유적의 주거지를 비교해보면 평면형태는 대체로 비슷한데, 모두 모줄임 방형을 기본 평면으로 가지며, 유수산·서량유적에는 불규칙형과 제형이, 백음장한유적에서는 돌출된 출입시설을 가진 철자형(凸字形)주거지가 추가로 보인다. 바닥도 세 유적 모두 생토를 그대로 사용한 것, 불다짐한 것, 단단하게 눌러다진 형식이 보인다. 화덕시설 또한 원형이나 타원형의 구덩이를 판 형태를 기본으로 한다. 하지만 백음장한유적에서는 장방형의 판돌을 이용한 화덕시설이 보이는데, 다른 곳에서는 보이지 않는 형태이다. 출입시설은 백음장한유적에서만 뚜렷하게 보이는데 표본이 많지 않아 자세한 정황을 파악하기 힘들다.

이 외에 유수산·서량유적에서만 보이는 특징이 있다. 먼저 주거지 내부에 2층단이 형성되어 있는데, 기둥구멍이 이 2층단을 따라서 배치되어 있다. 위치는 2층단 안쪽에 배치된 것과 바깥쪽에 배치된 것이 있다. 기둥구멍 또한 유수산·서량유적에서만 보편적으로 보이며 다른 곳에서는 보기 힘들디. 또 주거지 벽 밖으로 돌출된 소움이 있는데, 벽 중앙에 위치한 것과 모서리에 위치한 것이 있다.

3) 무덤

소하서유적과 백음장한유적에서는 소하서문화의 무덤이 발견되지 않는다. 유수산·서량유적에서만 무덤이 발견되는데 형식은 불규칙한 장방형

구덩이와 원형 구덩이의 2종류만이
존재한다. 장방형의 무덤에서 발견
되는 인골은 시신을 곧게 편 매장법
[仰身直肢葬]을 가지며[76], 원형구덩
이에서 발견되는 인골은 시신을 웅
크려 앉혀 묻은 매장법[蹲踞式]을 선
택하였다.

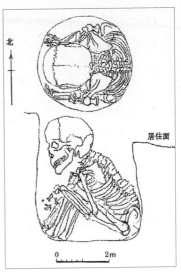

〈그림 36〉 서량 M101 평·단면도
(楊 虎·林秀貞, 2009b)

유수산유적에서는 4기, 서량유적
에서는 1기의 무덤이 발굴되었다.
이 5기의 무덤은 모두 널 시설이 없
는 움무덤[土坑竪穴無棺墓]이다. M1
과 M4의 평면은 불규칙한 장방형이
며, M3, M101은 원형, M2는 난원형(卵圓形)이다. 유수산 M1~M3는 모두
실외묘이고, 흥륭와문화의 특징이라고 언급되는 실내무덤은 유수산 F3내
에 있는 M4, 서량 F102 내에 있는 M101 2기가 있다. 하지만 M101은 안
과 밖으로 반씩 걸쳐있다. 5기의 무덤 중 3기는 시신이 굽혀 묻혀있고, 나
머지는 곧게 펴 묻혀있다. 무덤 내의 부장품으로는 조개장식, 뼈 장식, 석
관주(石管珠) 등이 발견된다.

〈표 3〉 유수산·서량유적 무덤비교

구분	평면	매장법	부장품	매장장소
M1	장방형	펴묻기	조개 3, 골주(骨珠) 7 소라장식 1	F2실외

76) 펴묻기에대한 도면은 〈그림 28〉을 참조

M2	난원형	굽혀묻기	석관주(石管珠) 1	F12실외
M3	원형	굽혀묻기	석관주 9	F14실외
M4	근장방형	펴묻기	석관주 14, 뼈도구 1	F3실내
M101	원형	굽혀묻기	없음	F102실내

4) 유물

(1) 질그릇

가. 소하서유적 출토 질그릇[77]

소하서유적의 주거지 내부에서 출토된 질그릇은 모두 완전한 복원이 불가능했다. 질그릇 편은 대부분이 굵은 모래가 낀흑회색 질그릇[夾沙黑灰陶] 혹은 갈색 질그릇[夾沙褐陶]로 태토질 자체가 굵고 거칠다. 진흙 띠를 쌓아 올린 방법으로 만들었으며(테쌓기), 내외 벽은 모두 매끄럽지 않고 거칠다. 문양이 없는 질그릇들이 대부분이다. 통형관의 구연부가 2점 출토되었는데, 거칠고 굵은 흑사(黑砂)가 사이사이 끼어 있으며, 무문이다. 다음은 질그릇들의 세부 특징을 서술한 것이다.

① F3②:6은 둥근 입술을 가지고 있으며(圓脣), 동체는 바깥으로 벌어지는 형태이다. 구연 아래에는 구멍 두 개가 뚫려있는데, 바깥쪽에서 안쪽으로 뚫었다. 그 아래에는 한줄의 압획절선문(壓劃折線紋)이 있다. 구경

---

77) 楊 虎·林秀貞, 2009a, 「內蒙古敖漢旗小河西遺址簡述」, 『北方文物』 2輯, 北方文物雜志社, pp.4~5.

25㎝, 잔고 16.8㎝이다.

② F3②:3은 표면이 갈색이다. 구연이 네모지다(方脣). 구연부터 동체부로 가면서 점차 두터워진다. 구연 아래에는 돌기(乳丁) 두 개가 일렬로 있다. 그 아래에는 구멍 하나가 뚫려있다. 구경 19.2㎝, 잔고 10㎝이다.

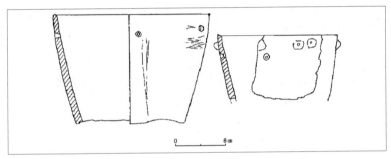

〈그림 37〉 소하서유적 F3 출토 질그릇(楊 虎·林秀貞, 2009a)

나. 유수산·서량유적 출토 질그릇[78]

유수산·서량유적의 질그릇은 소하서유적과 마찬가지로 태토질에 조립질(粗粒質)의 모래가 많이 끼어있는데. 질그릇 질은 견고하고 딱딱하다. 색은 홍갈색, 갈색, 회갈색 등이 있으며, 무늬가 없는 것이 대다수이지만 압인단사선문(壓印短斜線紋), 능형격자문(菱形

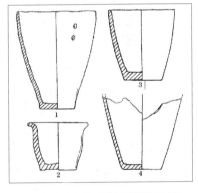

〈그림 38〉 유수산·서량 유적 출토 질그릇
1, 3, 4.통형관, 2.소형관(楊 虎·林秀貞, 2009c)

---

78) 楊 虎·林秀貞, 2009c, 「內蒙古敖漢旗楡樹山,西梁遺址出土遺物綜述」, 『北方文物』 2輯, 北方文物雜志社, pp.13~15.

79) 문양의 형태는 그림을 참조

格子文)과 원와점문(圓窩點紋) 등이 있다.[79] 흥륭와문화 관(罐)의 특징이라고 할 수 있는 '之'자문은 아직 보이지 않는다. 동체부는 두터우며, 진흙 띠를 쌓아올려 성형하였다. 기종으로는 평저의 통형관, 소형관(小形罐)과 소형잔[小形杯]이 있다.

① F8②:6은 둥근 입술의 안으로 오므라진 구연부를 가지고 있다. 비스듬한 직벽에 바깥으로 약간의 곡률이 있다. 평저이며, 구연아래에는 두 개의 구멍이 있다. 구경은 27.2㎝, 저경 11.8㎝, 높이 32.2㎝이다.

② F110④:18은 방순의 구연을 가지고 있으며, 동체는 완만한 호를 그리며 내려온[斜弧腹], 평저인데 약간 오목한 형태이다, 구경은 11.4㎝, 저경은 11.7㎝이다.

③ F14②:6은 몸체와 저부만이 남아있다. 몸체는 얇으며, 내외벽이 홍

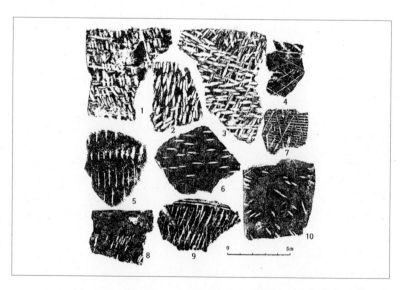

〈그림 39〉 유수산·서량 유적의 소하서문화 질그릇문양(楊 虎·林秀貞, 2009c)
1~3.편직문(編織紋), 4, 9.능형문(菱形紋), 5.획문(劃紋), 6, 8, 10.압인장와점문

갈색을 띤다. 외벽에는 세로로 긁힌 흔적이 있다. 잔고는 26㎝, 저경 13.2㎝, 두께가 1㎝이다.

위에서 설명한 3점의 통형관이 유수산·서량 유적의 전형적인 형태이다. 주거지에서는 통형관 구연부편, 저부편 등이 출토되었는데, 구연부는 방순구연이 절대다수를 차지한다. 원순은 소량이다. 어떤 관에는 귀[耳]가 달린 것도 있다. 출토된 수십건의 전형적인 통형관 구연부편, 동체부편에서 볼 수 있는 문식은 압인단사선문(壓印短斜線紋), 압인장와점문, 능형문(菱形紋), 획문, 현문, 쌍릉문, 편직문 등이다.

④ 소형관과 소형잔 : 완전한 소형관은 겨우 1건이 출토되었다. 토질은 비교적 견고하고, 몸체 두께는 두껍고 고르지 않다. 내외 벽은 회갈색이다. 무문이며, 구연이 둥근입술을 가지고 크게 벌어져있다. 동체는 둥근 벽체을 가지며, 평저인데, 내부 바닥 중앙이 약간 볼록하다. 구연에서

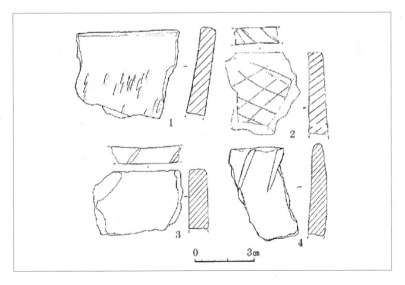

〈그림 40〉 유수산·서량유적의 문양이 새겨진 질그릇(楊 虎·林秀貞, 2009c)
1.압인장와점문(壓印長窩點紋), 2.능형문(菱形紋), 3,4.단사선문(短斜線紋)

바닥으로 갈수록 두께가 두꺼워진다. 구경 5.2㎝, 저경 3.2㎝, 높이 4㎝
이다. 완전한 소형잔은 1건만 있는데, 원순의 벌어진 구연을 가진다. 평
저이며, 구경 4㎝, 저경 2㎝, 높이 5.5㎝이다.

다. 백음장한유적 출토 질그릇[80]

백음장한유적의 소하서문화 질그릇 역시 모래가 낀[夾砂] 통형관이 주
를 이루며, 끼인 모래 입자는 비교적 큰데, 일반적으로 모래질의 직경은
1.5㎜이상이며, 부분적으로 큰 것은 5㎜를 넘기도 한다. 사립질 중 석영입
자가 보이기도 하지만 일부러 넣은 것으로 보이지는 않는다. 태토는 거칠
고 조잡해 쉽게 부서진다. 질그릇 색은 갈색이 주된 색이지만 같은 질그릇
내에서도 산화정도에 따라서 황갈색, 회갈색, 흑갈색 등 몇 가지 다른 색
빛을 가진다. 그러나 질그릇 내벽의 색은 흑색이나 흑갈색이 많은 편인데,
이는 질그릇 소성 과정에서 탄소 침착이 충분히 골고루 이루어지지 못했
기 때문이다. 무문이 위주이지만 부가퇴문(附加堆紋)[81], 공열문, 엽맥문 등
이 나타난다. 부가퇴문은 주로 구연부에 있는데, 종류로는 장조형(長條形),
원권형(圓圈形), 파절형(波折形) 등 3가지가 있다.

질그릇의 제작은 모두 수공으로, 가장 기본이 되는 성형방법은 흙 띠를
말아 차례로 쌓아 만드는 것이다. 통형관의 형태는 입구는 넓으며 바닥은
좁은 형태이다. 그러나 입술의 형태와 동체부의 곡률은 약간씩 다르다. 총
6점이 출토되었다.

---

80) 索秀芬·郭治中, 2003,「白音長汗遺址興隆窪文化一期遺存及相關問題」,『邊疆考古研究』
第3期, 吉林大學邊疆考古研究中心, pp.2~3; 內蒙古自治區文物考古研究所, 2004,『白音
長汗』上, 科學出版社, pp.21~24; 郭治中·包青川·索秀芬, 1991,「林西縣白音長汗遺址發
掘述要」,『內蒙古東部區考古學文化硏究文集』, 海洋出版社, p.19.

81) 한국에서는 융기문(隆起紋), 덧무늬 등으로 불린다.

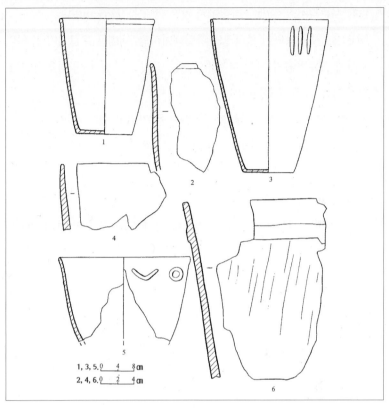

〈그림 41〉 백음장한유적 소하서문화 통형관 및 통형관편(內蒙古自治區文物考古研究所, 2004)
1,6.원순직복통형관, 2,5.원순미호복관, 3,4.방순미호복관

① BF64②:1은 표면이 모래가 낀 흑갈색이다. 구연아래 부분이 약간 오목하다. 그 표면과 내벽에는 정면(整面)시에 생긴 긁힌 흔적이 남아 있는데, 일정한 규칙 없이 난잡하다. 구경은 23.7cm, 저경은 14.4cm, 높이는 27.6cm이다.

② BH55③:3은 표면에 모래가 끼어있다. 상부는 흑갈색, 하부는 황갈색이고 내벽은 흑색이다. 저부는 없다. 구연부 아래에는 부가퇴문 한 줄이 덧붙여져 있다. 기다란 띠 모양이다. 아래에는 세로 방향으로 사선이

넓게 시문되어 있지만 규칙적이지 않다. 잔고는 21.6cm이다.

③ BT3②:9은 표면이 모래질의 황갈색이지만, 내벽은 흑갈색이다. 구연 아래에 세로방향의 평행 부가퇴문 3줄이 덧붙여 있다. 구경은 28.8㎝, 저격 12㎝, 높이 36.8㎝이다.

④ BT396②:1은 모래질의 흑갈색 표면을 가지고 있다. 외벽은 정연하게 정리하지 못했고 내벽은 매끈하게 정리했다. 무늬는 없으며, 잔고는 8㎝이다.

⑤ BH55②:2는 모래질 이외에 석영입자도 끼어있다. 표면은 황갈색이고, 내벽은 흑색이다. 구연은 기벽보다 약간 두텁다. 구연 아래에는 부가퇴문이 장식되어 있는데, 파절형과 둥근 고리형[圓圈形]이 같이 배치되어 있다. 구경은 31.8㎝, 잔고는 18㎝이다.

⑥ BH55③:4는 모래질 이외에 석영입자도 끼어있다. 구연은 조금 밖으로 벌어져있다. 표면에는 긁힌 흔적이 있는데, 세로줄이 많으며 사선, 가로줄은 적다. 잔고는 12.4㎝이다.

(2) 석기

가. 소하서유적 출토 석기[82]

소하서유적에서 출토된 석기는 총 22점으로 대부분 타제석기이다. 기종으로는 곰배괭이[鋤形器], 갈돌, 갈판, 병형기[餠形器][83], 좀돌날몸돌 등이다. 곰배괭이는 이후의 흥륭와문화 유적에서도 계속해서 출토되는 땅을

---

82) 楊 虎·林秀貞, 2009a, 「內蒙古敖漢旗小河西遺址簡述」, 『北方文物』 2輯, 北方文物雜志社, pp.4~5.

83) 둥글고 넓적한 모양의 석기

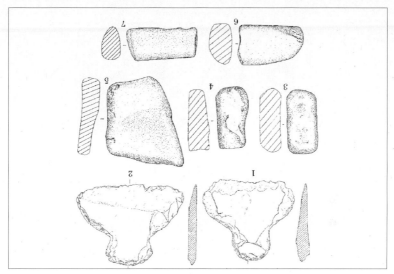

〈그림 42〉 소하서유적 석기(楊 虎·林秀貞, 2009a)
1,2.곰배괭이, 5.갈판, 3,4,6,7.갈돌

파는 도구[掘地具]로 총 3점이 출토되었는데, '丁'자형이다. 몸체는 얇은 편인데 이에 비해 자루부분은 비교적 두텁다. 보통 길이 20~23㎝, 너비 25~28㎝, 두께 3~4㎝이다. 병형기와 석구(石球)는 여러 곳에 마찰흔적이 있는데, 석기제작도구로 생각된다. 좀돌날몸돌은 한 점 발견되었는데, 좀돌날은 보이지 않는다.

나. 유수산·서량유적의 석기

유수산·서량유적에서 출토된 석기는 모두 196점이다. 그 중 타제석기는 찍개, 반상기(盤狀器), 병형기(餠形器), 곰배괭이, 받침돌 등이 있다. 마제석기에는 갈돌, 갈판, 공이, 절구, 돌도끼, 자귀형석기[錛形器], 뚜르개[鑿], 좀돌날 등이 있다. 특수제작 된 석기로는 구멍 뚫린 도끼형석기[孔斧形器], 환상석기(環狀石器)가 있다.

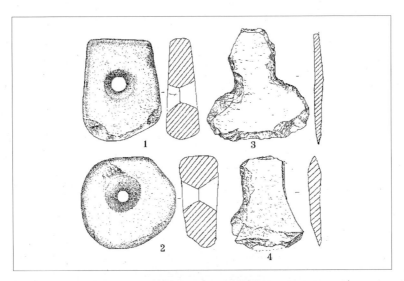

〈그림 43〉 유수산·서량유적 천공석기 및 곰배괭이(楊 虎·林秀貞, 2009c)
1, 2.천공석기, 3, 4.곰배괭이

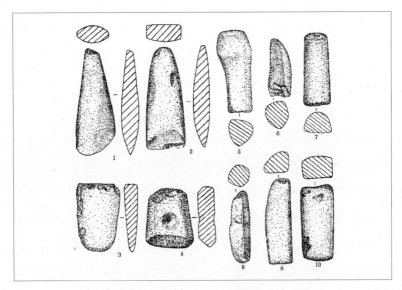

〈그림 44〉 유수산·서량유적 각종 석기(楊 虎·林秀貞, 2009c)
1, 2.도끼, 3.도끼형[斧形]석기, 4.자귀형석기. 5~10.갈돌

그 중 찍개와 원반형석기가 총 88점으로 가장 많이 발견되었으며, 찍개는 72점, 반형찍개는 16점이다. 두 석기는 타제공구로 기능과 구조상의 차이는 없으나 찍개의 형태는 불규칙한 반면, 반상기는 원반형으로 일정한 것이 특징이다. 길이는 일반적으로 9~13㎝ 사이다.

다음으로 석병형기 15점과 석구 21점이 발견되었다. 규격은 일반적으로 7~8㎝ 사이이고, 두께는 병형기가 2~3㎝, 석구는 4~5㎝정도로 형태는 병형(餠形)이다. 석병형기와 석구는 모두 석기제작에 사용된 공구로 보인다.

곰배괭이는 총 3점으로 자루와 몸체가 "丁"자형인 것이 특징인데 전체적으로 소하서유적에서 발견된 것과 비슷하다. 날에는 사용 흔적이 있으며 길이 15~20㎝, 너비 12~18㎝, 두께 1.6~2.2㎝이다.

이 밖에 천공석기 2점, 돌도끼 10점, 뚜르개 3점, 자귀형석기 3점, 갈판 8점, 갈돌 22점, 좀돌날 6점, 환상석기 2점, 유조석기(有槽石器) 1점, 긁개(刮削器)와 좀돌날몸돌 5점, 공이 4점, 어망추[石網墜] 1점이 발견되었다.

다. 백음장한유적의 석기

백음장한유적에서 발견된 석기는 6점인데 탁제(琢制), 마제석기다. 곰배괭이나 산형석기와 같은 땅을 파는 타제도구는 발견되지 않았으며, 갈돌, 공이, 절구[臼形石器], 잔[石杯] 등이 발견되었다.

갈돌 2점, 공이 2점, 절구형석기 1점, 잔 1점이 발견되었다. 절구형석기는 모줄임 장방형의 기둥 모양으로 표면은 울퉁불퉁하며, 저부 역시 매끄럽지 못하다. 상·하부 모두 폭이 좁지만 구경이 저경보다 넓다. 길이 30㎝, 너비 22㎝, 두께 22.4㎝, 구경 2~12.8㎝, 깊이 18.4㎝이다. 잔은 1점 발견되었는데, 원추형이며 한편에 손잡이의 흔적이 남아 있다. 잔고 6.8㎝, 직경 3.6㎝, 내구경 3㎝, 내부 깊이 3.6㎝이다. 이 절구형석기와 잔은 소하서

유적, 유수산·서량유적에서는 보이지 않는 석기로 이후 흥륭와문화 백음
장한유적, 남태자유적에서만 보이는 돌통형관의 원형으로 생각된다.

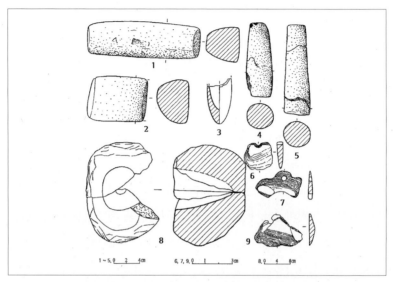

〈그림 45〉 백음장한유적 석기 및 조개도구(內蒙古自治區文物考古研究所, 2004)
1, 2.갈돌, 3.돌잔, 4, 5.공이, 6, 7, 9.조개장식, 8.절구형석기

〈표 4〉 소하서문화 유적별 석기 출토 현황

유적명	곰배괭이	병형기	석구	갈돌	갈판	석핵	격지	찍개	반상기	천공석기	석부	착	자귀	환상석기	유조석기	긁개	공이	어망추	절구	석배
소하서 (22점)	3	1	6	10	1	1														
유수산 서량 (209점)	3	15	36	22	8		6	72	16	2	10	3	3	2	1	5	4	1		
백음장한 (6점)				2													2		1	1

(3) 기타유물

기타 유물로는 뼈도구[骨器], 뿔도구[角器], 조개도구[蚌器], 예술품 등이 있다. 뼈도구와 뿔도구는 유수산·서량유적에서만 발견되었고, 조개도구는 유수산·서량 유적과 백음장한유적에서 발견되었다.

뼈도구는 짐승의 다리뼈를 가공하여 만들었고, 뿔도구는 사슴류의 뿔을 가공해서 만들었다. 조개도구는 조개껍질을 갈아서 만들었다.

뼈송곳[骨錐]은 대부분 짐승의 다리뼈를 이용하여 만들었다. 상단은 뼈 관절을 자루로 사용하였고, 하단을 갈아서 뾰족하게 만들었다. 크기와 형태는 다양하다.

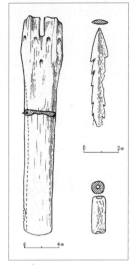

〈그림 46〉 뼈도구
(서량유적 출토)(邵國田, 2004)

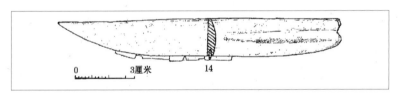

〈그림 47〉 골경석인도(楊 虎·林秀貞, 2009c)

숟가락[匕]은 6점으로 모두 동물의 다리뼈를 사용하여 만들었다. 자루 부분은 역시 가공하지 않았다. 길이는 10.3~21㎝ 정도이고, 가장 긴 것은 21.14㎝이다. 간보에서는 뼈 숟가락의 용도로 첫째 식기, 둘째 질그릇제작 도구로 추정한다.

낚시도구[魚鰾]는 모두 동물의 다리뼈로 만들었다. 뼈에 날을 만든 것도 있고, 좀돌날을 따로 부착한 형식[骨梗石刀鰾]도 있다. 이 형식은 살상력을

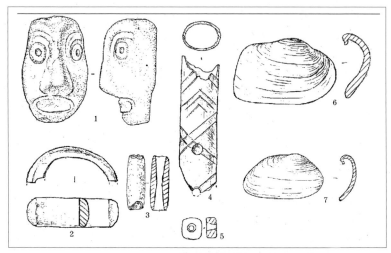

〈그림 48〉 유수산·서량유적 출토 기타유물(楊 虎·林秀貞, 2009c)
1.토제인물조각, 2.뼈고리, 3.석관주, 4.뼈피리, 5.조개장식, 6,7.조개도구

더욱 증가시킨 것으로 보인다.

조개도구는 유수산·서량에서 2점, 백음장한에서 3점 발견되었다. 조개 껍질의 한쪽 끝을 갈아서 만들었다. 훼손이 심해 형태를 알 수 없는 것도 있다.

예술품으로는 토제 인물조각, 뼈피리, 뼈 고리[骨環] 등이 1점씩 발견되었다.

토제 인물조각은 소하서문화의 질그릇이 매우 거친 모래질인 것과는 다르게 입자가 고운 진흙질[泥質]이다. 색은 회갈색인데, 얼굴이 길고, 정수리 부분은 평평한 편이다. 두 볼은 넓고, 짙은 눈썹을 가지고 있으며, 두 눈은 동그랗게 뜨고 있다. 아래턱은 둥글고, 코가 높이 솟아있어 입체감 있게 표현되었다. 길이는 5㎝, 너비 2.5~3.1㎝, 두께는 1.4~2.6㎝이다.

뼈피리[骨笛]는 1점 발견되었다. 타원형인데, 양쪽 끝이 훼손되었다. 피리의 구멍 또한 완전한 것은 하나이며, 구멍 하나는 반만 남아있다. 두 구멍 사이의 거리는 1.55㎝이다. 길이 7.3㎝, 너비 1.8㎝이다. 피리에는 정교한 기하문이 새겨져 있다.

2. 흥륭와문화

일반적으로 중국 요서지역 신석기문화는 소하서문화-흥륭와문화-부하문화-조보구문화-홍산문화-소하연문화로 이어진다고 알려져 있다. 각 문화의 분포지는 조금씩 다르며 문화 맥락(context) 또한 차이를 보인다고 알려져 있다.

흥륭와문화가 다른 문화와 구별되는 가장 큰 특징은 취락배치와 비교적 곧은 기벽을 가진 통형관이다. 취락은 계획적인 주거지 배치와 환호가 특징이다. 통형관은 일정한 형태직 변화가 공통적으로 나타나며, 시문된 문양 또한 부가퇴문과 '人'자문, '之'자문을 공통으로 가진다.

흥륭와문화 2기부터는 옥기가 발견되는데, 특히 무덤에서 옥결(玉玦)이 공통적으로 출토되고 있다. 그리고 흥륭와문화의 각 유적별 연대측정 결과도 크게 상이하지 않다. 하지만 각 유적의 대표적인 석기, 주거지양식, 무덤양식은 지역별로 크고 작은 차이를 보이는데, 이것들은 지역유형으로 설정하고 있다.

1) 분포범위 및 연대

흥륭와문화의 분포범위는 북쪽으로 서랍목륜하를 넘어 내몽고 동남부
인 적봉시까지, 남쪽으로는 연산산맥을 넘어 하북성 동북지역까지 포함한
다.[84] 동으로는 의무려산, 서로는 대흥안령산맥까지이다.[85] 망우하(牤牛河)
상류는 흥륭와문화의 주요 분포지인데, 문화의 이름이 된 흥륭와 유적 또
한 대릉하(大凌河) 지류인 망우하 상류지역에 위치하고 있다.[86]

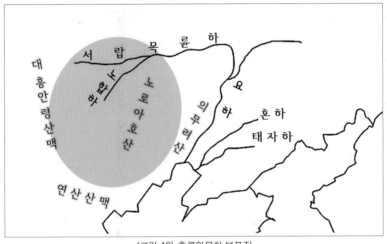

〈그림 49〉 흥륭와문화 분포지

지표조사 된 유적들을 통해서 흥륭와문화의 분포범위를 살펴보도록 하
겠다. 우선 1950년대에 적봉시 극십극등기 부순영유적에서 표면이 거칠

---

84) 곽대순(郭大順)·장성덕(張星德) 著·김정열 譯 2008, 『동북문화와 유연문명』, 동북아역사
　　　재단, p.230.

85) 索秀芬, 李少兵, 2011, 「興隆窪文化分期與年代」, 『文物』 第8期, 文物出版社, p.47.

86) 곽대순(郭大順)·장성덕(張星德) 著·김정열 譯 2008, 『동북문화와 유연문명』, 동북아역사
　　　재단, p.230.

고 무거운 질그릇 관(罐)을 발견하였는데, 당시에는 어떠한 문화에 속하는지 명확한 기준이 없었으나 이후에 흥륭와문화에 속하는 질그릇으로 구분되었다. 이 질그릇에 시문된 문양으로는 구연 아래에 요현문, 부가퇴문 띠와 '人'자문이 특징적이었으며, 질그릇편 중에는 부가퇴문, 망격문, '人'자문과 규칙적인 와점문(窩点紋)이 시문되어 있었다. 오한기 분와요유적에서도 역시 표면에 인자형 문양이 시문된 홍갈색의 통형관 편이 발견되었고, 곰배괭이가 함께 나왔다. 이 외에도 파림좌기(巴林左旗) 금구산(金龜山)유적과 파림우기(巴林右旗) 나사태(那斯台)유적에서도 압인 지자문이 시문된 흥륭와문화 질그릇이 발견되었다.[87] 이상에서 언급된 유적들은 흥륭와문화 유적 중 최북단에 위치한다고 알려진 유적이지만, 현재 발굴되지는 않았고 지표조사만 진행된 상태이다.

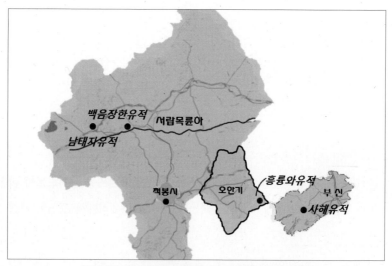

〈그림 50〉 적봉지역의 흥륭와문화문화 주요유적 분포지도

---

87) 內蒙古自治區文化局文物工作組, 1957, 「內蒙古自治區發現的細石器文化遺址」, 『考古學報』 第1期, 中國社會科學院考古研究所, pp.9~20.

다음은 흥륭와문화의 동쪽 한계선에서 발견된 유적들에 대한 설명이다. 서랍목륜하 이남지역과 노합하유역의 적봉현 대오십가자촌(大五十家子村) 유적에서 지표에 산포되어 있는 두터운 조립질의 모래질 질그릇편이 발견 되었는데, 요현문, 부가퇴문, 망격문, 교차문 등이 시문되어 있었다. 교래 하 하류 좌안의 철리목맹(哲里木盟) 나만기(奈曼旗) 복성천(福盛泉) 2호 지 점과 5호 지점에서는 두터운 기벽과 외반구연의 홍갈색 통형관 편이 발견 되었으며 무늬로는 요현문장식, 넓은 부가퇴문, 지자문 등이 있었다.

이 외에 흥륭와문화의 주요 유적은 흥륭와유적, 사해유적, 남태자유적, 백음장한유적으로 모두 서랍목륜하, 노합하, 교래하 그리고 대릉하유역에 분포한다. 이처럼 흥륭와문화의 분포범위는 비교적 크기 때문에 각 지역 에서 보이는 유물과 유구의 문화양상은 일정한 차이가 보이기도 한다. 특 히, 서랍목륜하를 기점으로 이북과 이남 지역의 유적들 사이에는 명확한 차이가 있다. 우선 서랍목륜하 이남지역에 위치한 교래하 상류의 흥륭와 유적 그리고 대릉하 상류의 사해유적은 서로 멀지 않은 곳에 위치하기 때 문에 문화양상에 공통점이 많다. 한편 서랍목륜하 상류의 북부지역 에 위치하고 있는 백음장한과 남태 자유적의 문화양상 또한 기본적으 로 일치한다. 그러나 서랍목륜하 이남지역(흥륭와유적, 사해유적)과 이북지역(백음장한유적, 남태자유 적)의 유적들 사이에는 큰 차이가 존재한다.[88]

본 연구에서는 흥륭와문화의 연

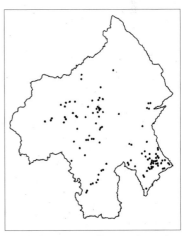

〈그림 51〉 적봉지역의 흥륭와문화 분포지도

구대상을 흥륭와유적, 사해유적, 백음장한유적, 남태자유적으로 한정하였
는데, 이는 발굴보고서 및 발굴간보가 발간된 유적만을 선정한 것이다. 현
재 적봉지역 내에서 발견된 흥륭와문화 유적은 107곳인데,[89] 위의 유적들
외의 100여 곳은 지표조사만 된 상태이며, 제대로된 보고서나 목록이 나
오지 않은 상황이다. 적봉지역 이외에도 내몽고 동남부, 요령성 서부, 하
북성 동북부에서 흥륭와문화 유적들이 지표조사 되었는데, 소하서문화 유
적들과 마찬가지로 목록이 정리되지 않아 자세한 양상을 파악하기 어렵
다.[90]

흥륭와문화의 연대는 상대연대와 절대연대의 두 가지 방면으로 연구가
이루어졌다. 먼저 상대연대는 각 유적 주거지의 중복관계에 의해 파악되
었다. 백음장한유적의 흥륭와문화 2기갑류 주거지인 BF63은 소하서문화
주거지인 BF64를 파괴했는데 이것을 소하서문화가 흥륭와문화의 유구보
다 연대가 더 이른 것을 나타낸다고 보고 있다.

백음장한유적에는 조보구문화의 유구가 흥륭와문화의 유구를 파괴하고
생성된 양상도 몇 가지 보인다. 조보구문화 주거지 AF79가 흥륭와문화 4
기 취락의 환호인 G1을 파괴한 것과, 조보구문화 주거지 BF47이 흥륭와
문화 4기 주거지인 BF48을 파괴한 것, 조보구문화 저장구덩이 BH11이
흥륭와문화 4기 주거지인 BF2를 파괴한 것 등이 그것이다. 이는 흥륭와문
화가 조보구문화보다 이르다는 것을 나타낸다.[91] 이상의 유구 중복관계에
서 볼 때 흥륭와문화의 상대연대는 소하서문화보다 늦고 조보구문화보다

88) 趙賓福, 2006,「興隆窪文化的類型, 分期與聚落結構研究」,『考古與文物』, 第1期, 陝西省
   考古研究所, pp.25~26.
89) 滕銘予, 2009,『GIS支持下的赤峰地區環境考古研究』, 科學出版社, p.37.
90) 李少兵, 索秀芬, 2010,「內蒙古自治區東南部新石器時代遺址分布」,『內蒙古文物考古』第
   1期, 內蒙古文化廳, pp.53~55.
91) 索秀芬, 李少兵, 2011,「興隆窪文化分期與年代」,『文物』第8期, 文物出版社, p.52.

이르다는 것을 알 수 있다.

흥륭와유적에서는 홍산문화 주거지 F106이 흥륭와문화 취락의 환호인 G1을 파괴했다. 백음장한유적 흥륭와문화 취락환호인 G1, G2내에는 여러 층의 지층이 퇴적되어있는데, 상층은 홍산문화 퇴적층이고, 하층은 흥륭와 문화 퇴적층이다. 또 백음장한유적 흥륭와문화 주거지 내에서는 흥륭와문화 지층 위에 홍산문화 지층이 바로 겹쳐서 나타나는 경우가 많다. 백음장한유적 AF39, BF61 내에는 3개의 퇴적층이 있는데, AF39내의 위 두 층은 홍산문화 층이고, 가장 아래층은 흥륭와문화 주거지가 무너져 퇴적된 것이다. BF61 내의 가장 상층은 홍산문화의 퇴적층이고, 아래 두층은 흥륭와문화의 퇴적층이다. AF43, BF74 내에는 모두 두 층의 퇴적층이 있다. 상층은 홍산문화 퇴적층이고 하층은 흥륭와문화 퇴적층이다.[92] 이상에서 살펴본 유구 중복관계는 흥륭와문화가 홍산문화보다 이르다는 것을 나타낸다.

〈표 5〉 흥륭와문화 유적별 연대측정 결과

유적명	유구명	실험실 번호	측정연대	보정연대		표본
				B.P.	B.C.	
흥 륭 와	F119③	ZK-1391	7410±115		6211~5990	목탄
	F119④	ZK-1392	7240±95		6032~5760	목탄
	F121②	ZK-1393	6965±95		5730~5560	목탄
	F119②	ZK-1390	6895±205		5740~5423	목탄
	F180③	ZK-2711	6775±105		5579~5389	목탄
	F205②	ZK-2716	6753±117		5577~5324	목탄
	F121④	ZK-3070	6694±48		5520~5370	목탄
	F194②	ZK-2714	6603±107		5438~5259	목탄

---

92) 索秀芬, 李少兵, 2011, 「興隆窪文化分期與年代」, 『文物』第8期, 文物出版社, p.53.

	F200④	ZK-2715	6543±128		5432~5146	목탄
	F101③	ZK-1389	5660±170	6315 ±240	4510~4159	짐승 뼈
백음장한	AF25 바닥	WB90-2	7040±100			목탄
	AF13	WB90-1	6590±85	7215 ±110		목탄
사해	T1F1	ZK-2138	6925±95		5712~5530	목탄
상택	T0508⑧	BK85077	6580±120		5480~5230	목탄
흥륭구	IF10④	ZK-3157	6934±47		5670~5620	목탄
	IF7②	ZK-3156	6859±47		5640~5530	목탄

다음으로 흥륭와문화의 절대연대 연구에 관한 내용을 살펴보겠다. 현재 발표된 흥륭와문화의 절대연대는 16건이다. 모두 탄소연대측정법으로 측정되었다. 그 중 흥륭와유적 F101③는 짐승의 뼈를 이용하여 측정되었는데, 이것의 연대는 다른 것보다 늦은 편이어서 분석 시에 채택되지 않았다. 가장 이른 연대는 흥륭와유적 F119③으로, 보정연대는 B.C.6211~B.C.5990년이다. 가장 늦은 것은 상택 유적의 제 8층과 백음장한유적의 AF13이다. 상택유적 제 8층의 보정연대는 B.C.5480~B.C.5230년이다. 백음장한유적 AF13의 보정연대는 B.P.7215±110년이다. 이상의 연대측정 결과를 종합하면 흥륭와문화의 연대범위는 B.C.6200~B.C.5200년이다.

2) 주거지

(1) 흥륭와유적의 주거지

흥륭와취락유적은 내몽고 적봉시 오한기 보국토향(寶國吐鄕) 흥륭와촌(興隆窪村)에 위치한다. 대릉하 지류인 망우하 상류의 낮은 구릉에 동서

〈그림 52〉 흥륭와유적

방향으로 위치해 있다. 1983년부터 1986년까지 4차례 발굴이 이루어졌으며, 당시 총 60여기의 주거지를 발굴하고 유물들을 수습했다. 그리고 1985년에 발표한 간보에서 흥륭와문화라는 명칭이 처음 사용되었다.[93]

취락의 구체적인 분포상황을 파악하고 흥륭와문화와 주변 문화의 상관관계를 연구하기 위해서 내몽고 공작대는 1992년 7월부터 10월까지 제5차 발굴을 진행하였다. 당시의 발굴구역은 유적의 서쪽으로 총 조사면적은 1만㎡였다. 발굴된 유구는 흥륭와문화 주거지가 66기, 저장구덩이가 173기, 무덤이 11기, 그리고 1기 취락 환호 주위의 주거지들이다.[94] 1993년에는 6차 발굴이 진행되어 흥륭와문화 주거지 37기, 저장구덩이 200여기, 무덤 9기가 추가로 발굴되었다.[95]

흥륭와문화의 가장 큰 특징은 대형 취락유적이다. 대형 취락지 내의 주

93) 中國社會科學院考古研究所, 1985, 「內蒙古敖漢旗興隆窪遺址發掘簡報」, 『考古』第10期, 科學出版社, pp.1~2.
94) 中國社會科學院考古研究所內蒙古工作隊, 1997, 「內蒙古敖漢旗興隆窪聚落遺址 1992年 發掘簡報」, 『考古』第1期, 科學出版社, pp.1~8.
95) 楊 虎·劉國祥, 1993, 「興隆窪聚落遺址發掘再獲碩果」, 『中國文物報』12月26日; 아직 간보나 보고서는 나오지 않은 상태이다.

〈그림 53〉 흥륭와 취락유적 모형

거지는 매우 밀집되어 분포하는데, 그 배열은 매우 정연하다.

흥륭와 유적 A지구 취락내의 주거지는 160여기가 있는데, 그 주변에는 100여기의 수혈들이 있다. 크기는 지름 160~183cm 정도이다. 이 불규칙한 수혈들이 있는 취락에는 환호가 둘러져 있는데, 환호의 폭은 1.2~2m, 깊이는 0.5~1m 정도이다.

환호 내의 주거지는 열을 지어 분포하는데 매 열마다 3~10기의 주거지가 있다. 모두 서북에서 동북 방향으로 분포해 배열이 가지런하다. 평면은 모두 장방형 혹은 정방형이다. 같은 열의 주거지들은 매우 인접해 있으나, 열과 열 사이는 조금 더 멀리 배치되어 있다.

각각의 주거지 면적은 50~80㎡ 정도로 다른데, 특히 취락 중심부에 위치하는 F184는 발굴 구역 내에서 가장 큰 것인데, 면적이 140㎡에 달한다. 한편, 발굴구역 서북쪽에 위치하고 있는 매우 밀집된 주거지가 있는데 이것들은 다른 주거지와 달리 배열이 불규칙하며, 다수가 환호 밖에 위치하

〈그림 54〉 흥륭와 취락유적 전경(中國社會科學院考古硏究所內蒙古工作隊, 1997)

고 있다.[96]

　화덕시설은 대부분이 원형에 가까운 지하식으로, 돌을 깔아 만든 경우
도 종종 보인다. 출입시설은 없으며, 일부 주거지에는 실내에 무덤이 있는
경우도 있다. 이 실내무덤은 주거지 내 한쪽 구석에 위치한다. 이전에 살
펴본 소하서문화의 양상과 비슷한 것이다.

　주거지에서 출토된 유물은 질그릇과 석기가 보편적이며, 거의 모든 주
거지에서 돼지뼈가 출토되었다. 흥륭와유적 취락지 동북쪽에는 저장구덩
이 200여기가 발굴되기도 하였는데, 주거지 주변 100여기의 불규칙한 수
혈과는 다르게 가지런히 배열되어 있으며, 일부에서는 물고기뼈가 쌓여있
는 상태로 발견되기도 하였다.[97]

---

96) 中國社會科學院考古硏究所內蒙古工作隊, 1997, 「內蒙古敖漢旗興隆窪聚落遺址 1992年
　　發掘簡報」, 『考古』第1期, 科學出版社, p.2; 140㎡는 약 42평 정도로 매우 큰 편에 속한다.
97) 곽대순(郭大順)·장성덕(張星德) 著·김정열 譯 2008, 『동북문화와 유연문명』, 동북아역사
　　재단, pp.236~237.

유적이 있는 곳의 지형은 동북쪽이 높기 때문에, 서남쪽으로 약간 기울어진 완만한 경사지에 위치한다. 따라서 전체 주거지의 동북쪽 벽의 현존 깊이는 서남쪽의 벽보다 높다. 기둥구멍은 두 가지 유형으로 나뉜다. 첫 번째 유형은 10~20개의 기둥구멍이 네 벽을 따라서 배열되어 있으며 화덕시설 주변에도 이중으로 배치 된 것이다. 두 번째 유형은 4개 혹은 6개의 기둥구멍이 화덕시설 주변과 벽 주변에 고르게 분포하는 형식이다. 다음은 흥륭와유적의 대표 주거지들에 대한 설명이다.

가. F171

F171은 발굴구역의 동북쪽에 위치하며, 방형의 지하식주거지로 네 벽이 모두 생토로 이루어져 있다. 길이 10.6m, 너비 9.7m 깊이 0.48~0.68m이다. 실내면적은 약 102.8㎡이다. 거주면은 동북쪽에서 서남쪽으로 경사가 져있다. 동북쪽의 반쪽을 단단하게 다져 비교적 평평한데, 서남쪽의 반쪽은 다진 것이 보이지 않는다. 중앙은 오목하게 들어가 있다. 화덕시설은 주거지

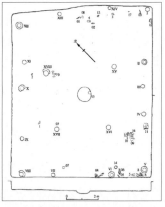

〈그림 55〉 흥륭와유적 F171(中國社會科學院考古硏究所內蒙古工作隊, 1997)

중앙에 위치하는데 원형의 얕은 구덩이다. 화덕시설의 바닥에는 초목탄층이 형성되어 있다. 구경 0.84~0.9m, 저경 0.6~0.64m, 깊이 0.16m이다. 기둥구멍은 18개가 있는데, 이중 배열구조이다. 벽을 따라 14개가 둘러져 있고, 안쪽으로는 4개가 있다. 기둥구멍의 내경은 0.2~0.28m이며 기둥을 묻기 전 흙을 메우고 다진 흔적이 보이기도 한다.

나. F176

F176은 발굴지구의 서북쪽 가장자리에 있다. 모줄임 장방형의 지하식주거지인데, 동북, 동남, 서북, 서남 네 벽의 길이는 각각 길이 5.4m, 너비 4.1m, 깊이 0.12~0.2m, 실내 면적은 약 22.1㎡이다. 동남쪽 벽은 불에 탄 흔적이 명확히 보이는데 홍갈색이다. 거주면 동북쪽은 평평하고 반듯

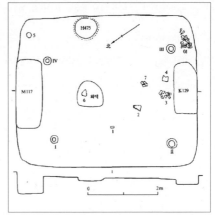

〈그림 56〉 흥륭와유적 F176(中國社會科學院考古研究所內蒙古工作隊, 1997)

하게 다진데 비해, 서남쪽은 약간 낮고, 다진 흔적이 명확하지 않다. 화덕시설은 실내 중앙에서 약간 동북쪽으로 치우쳐있는데, 불규칙한 원형이다. 화덕시설 벽과 바닥은 모두 파손되었다. 최대 구경은 0.8m, 깊이 0.1m이다. 기둥구멍은 4개가 있으며 벽과 화덕시설 사이에 있다. 기둥구멍의 내경은 0.12~0.2m, 깊이 0.2~0.3m이다. 주거지 동북벽 중앙에는 1기의 무덤(M117)이 발견되었고 서남벽과 동남벽에는 저장구덩이가 발견되었다.

다. F180

F180은 발굴지역의 동남쪽에 있고, 또 다른 주거지인 F220의 중앙을 파괴했는데, 두 주거지의 벽의 방향은 평행에 가깝다. 평면이 방형인 지하식 주거지이며, 길이 6.5m, 너비 6.4m, 실내면적은 약 42㎡이다. 벽의 보존 상태는 비교적 좋으며 현존 깊이는 0.6~1.1m이다. 벽을 모두 불다짐하여 표면이 홍색이나 홍갈색을 띠며 견고하다. 일부에는 불에 그을려 검

은색을 띠기도 한다. 거주면은 평평하고 단단하게 다졌다. 화덕시설의 위치는 중앙에 있는데, 평평한 바닥과 비스듬히 기울어진 벽을 가진다. 구경은 0.74~0.8m, 저경은 0.64~0.74m 깊이는 0.12m이다. 기둥구멍은 총 7개가 이중으로 배열되어 있는데, 안쪽은 4개가 화덕시설 양측에 대칭적으로 배열되어 있다. 구경은 0.18~0.22m이다. 바깥쪽 둘레에는 3개가 각각, 주거지의 동쪽 모서리, 서쪽모서리와 남쪽 모서리에 있다. 북쪽모서리에 기둥구멍이 남아있지 않으나 있었을 것으로 추정하고 있다.

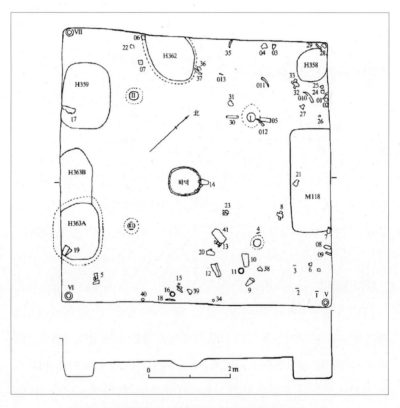

〈그림 57〉 흥륭와유적 F180(주거지 내에 실내무덤 M118이 존재)
(中國社會科學院考古硏究所內蒙古工作隊, 1997)

(2) 사해유적의 주거지[98]

사해유적의 위치는 부신 몽고족자치현 사랍향(沙拉鄉) 사해(또는 찰합이(察哈爾)[99])촌에서 서남쪽으로 약 2.5㎞ 떨어진 곳에 있다. 이곳은 구릉지대가 이어져있고, 지표에 화강암과 편마암이 드문드문 보이며, 계곡이 곳곳에 있다. 지표에는 붉은 모래질 점토가 덮여 있다. 현재의 토양은 척박해 식생이 적은편이다. 유적은 구릉 남쪽의 낮은 곳에 위치하는데 해발고도가 약 297m이다. 지세는 평탄하고 넓어 발굴 전에는 농지로 이용되고 있었다.

〈그림 58〉 사해유적(遼寧省文物考古研究所, 2012)

---

98) 遼寧省文物考古研究所, 1994,「遼寧阜新縣査海遺址 1987~1990年三次發掘」,『文物』第11期. 文物出版社, pp.4~7; 遼寧省文物考古研究所, 2012,『査海-新石器時代聚落遺址發掘報告』上, 文物出版社, pp.58~491.

99) 찰합이: 명(明)나라 때 내몽고(內蒙古)의 한 부. 하북성 거용관(居庸關) 밖, 만리장성(万里長城) 북방의 지역을 일컬음. 차하르(Chakhar)

유적의 면적은 약 1만㎡로 동서로 100m, 남북으로 100m 정도이다. 유적의 남쪽에는 너비 12~15m, 깊이 8~10m의 구(溝)가 형성되어있다. 이구에 의한 유적 파괴가 심한 상태이다. 표면에서 발견된 유물은 매우 적었고, 유적이 위치한 지형, 분포범위 등을 근거로 크게 네 구역(I, II, III, IV)으로 나누어 발굴되었다.[100]

사해 유적의 주거지는 흥륭와 유적과 같이 조밀하고 정연하게 배열되어 있다. 총 55기의 주거지가 발굴되었는데, 유구 중복관계와 유물 출토상황 등을 고려해 총 세 시기로 나누어진다. 먼저 사해 1기의 주거지는 5기[101], 2기의 주거지는 15기[102], 마지막으로 3기의 주거지는 35기[103]이다. 특이한 점은 시기의 차이에 따라 주거지의 방향성이 변하지 않고 일치한다는 것이다. 또 흥륭와유적과는 달리 취락의 중심부에서 약간 북쪽으로 치우친 곳에 취락 내의 주거지 중 가장 큰 주거지(F46)가 있는데, 한 변이 10m

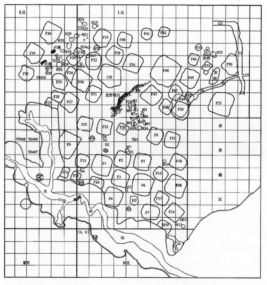

〈그림 59〉 사해유적 유구분포도(遼寧省文物考古研究所, 2012)

이상이다. 이 주거지에서 숫돌, 석기 제작에 필요한 돌, 옥기 등이 많이 발견된 것으로 보아 옥기나 석기제작을 했던 공동시설로 추정하고 있다.

취락의 중앙에는 주거지가 아닌 홍갈색 돌로 만든 용모양의 돌무더기가 있고, 그 남쪽에는 무덤군이 있다. 또 취락유적 동북쪽 외곽에는 환호의 흔적이 발견되었다.

주거지의 규모는 소형, 중형, 대형, 특대형의 네 가지로 분류된다. 소형은 30㎡ 이하로 총 19기이다. 중형은 30~60㎡로 총 28기, 대형은 60~100㎡로 총 6기, 특대형은 100㎡이상으로 총 2기가 조사되었다. 시기에 따라[104] 분류해보면 1기(소형 2, 중형 2, 대형 1), 2기(소형 7, 중형 7, 특대형 1), 3기(소형 10, 중형 19, 대형 5, 특대형 1)로 구분된다.

모든 주거지에는 일반적으로 기둥구멍이 발견되며, 화덕시설은 중앙에 1개 혹은 2개가 있다. 사해유적과 흥륭와유적의 주거 건축 형태는 모줄임 방형의 평면에 지하식으로 비슷하다. 그러나 사해유적의 취락은 풍화암층이 지표에서 매우 가까워 수혈부분이 직접 화강암 풍화층을 깨고 들어갔다는 점에서 일반적으로 황토층에 집이 형성되어 있는 흥륭와유적과는 차이가 있다.

출입시설은 뚜렷하게 발견되지는 않았는데, 일부 주거지의 벽 중 특정 방향이 돌출된 시설을 출입시설로 보기도 하지만 확실하지 않다. 아래는 사해유적의 대표적인 주거지 양상이다.

---

100) 遼寧省文物考古研究所, 1994, 「遼寧阜新縣查海遺址1987~1990年三次發掘」, 『文物』 第11期. 文物出版社, pp.4~7.

101) F26, F29, F35, F34, F50

102) F9, F19, F22, F24, F25, F28, F32, F33, F38, F40, F41, F42, F43, F49, F51

103) F1, F2, F3, F4, F5, F6, F7, F8, F10, F11, F12, F13, F14, F15, F16, F17, F18, F20, F21, F23, F27, F30, F31, F36, F37, F39, F44, F45, F46, F47, F48, F52, F53, F54, F55

104) 사해유적의 주거지는 유구 중복관계에 따라 세 시기로 구분된다(1기, 2기, 3기).

가. F6

3기의 주거지로 면적이 67㎡ 인 대형주거지이다. 유적의 중앙에서 남쪽으로 조금 치우쳐있다. 평면은 모줄임 방형이고, 남북길이가 8.6m, 동서너비가 7.8m이다. 지하식으로 기반암 안쪽을 뚫고 들어가서 만들었으며, 벽의 최고 깊이는 0.68m이다. 총 19개의 기둥구멍이 배치되어 있는데, 안쪽에 6개 바깥쪽에 13개

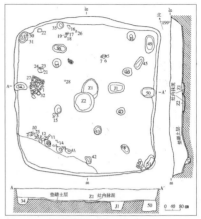

〈그림 60〉 사해유적 F6
(遼寧省文物考古硏究所, 2012)

이다. 거주면은 평평하게 다져 견고한편이다. 주거지 중앙에는 진흙으로 만든 2개의 화덕시설이 있다. 원형에 평저이며 직경이 110㎝, 깊이 9~15㎝이다. 화덕시설 옆에는 저장구덩이가 있다.

나. F8

중형으로 3기 주거지이다. 평면은 모줄임 장방형이다 남북 길이 6.4m, 동서너비 5.4m이다. 방향은 210°이다. 지하식이며 가장 깊은 곳은 0.54m이다. 12개의 기둥구멍이 있고, 네벽 주변에 8개가, 중앙 화덕시설의 네 모서리에 4개가 있다. 주거지의 서북모서리에는 하나의 구덩이가 있는데 방형이다. 44×40㎝이다. 직벽, 평저이며 깊이는 35㎝이다. 서남쪽 모서리에는 원형 구덩이가 발견되었는데 구경이 40㎝, 깊이는 38㎝이다. 내부에서는 완전한 직복관이 출토되었다.

다. F12

소형 주거지이다. 유적의 서남쪽 지역에 위치해 있는데, 남, 서벽은 물에 휩쓸려 없어졌다. 중간의 화덕시설위치와 그 북, 동벽의 거리에 의거해 추측하건데, 모줄임 방형이다. 면적은 약 3.5×3.4m이다. 기둥구멍은 4개가 남아있는데 벽을 따라 배열되어있다. 출토유물은 적다.

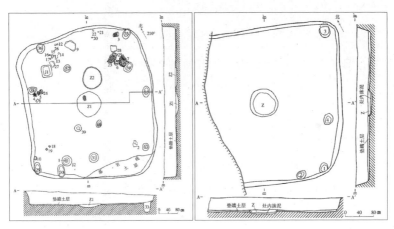

〈그림 61〉 사해유적 F8
(遼寧省文物考古硏究所, 2012)

〈그림 62〉 사해유적 F12
(遼寧省文物考古硏究所, 2012)

(3) 백음장한유적의 주거지[105]

백음장한유적은 서랍목륜하 북안의 임서현 남쪽 약 40㎞ 지점에 위치한다. 유적이 입지한 곳은 확 트인 구릉지대가 이어져 있다. 백음장한유적의 흥륭와문화 취락은 북쪽과 남쪽 두 지구로 나뉘며(A구역과 B구역), 구역 별로 환호가 둘러싸고 있다.

백음장한유적에서는 흥륭와문화의 유구뿐만 아니라 소하서문화, 조보

---

105) 內蒙古自治區文物考古硏究所, 2004, 『白音長汗』上, 下, 科學出版社, pp.26~318; 索秀芬·郭治中, 2003, 「白音長汗遺址興隆窪文化─期遺存及相關問題」, 『邊疆考古硏究』第3期, 吉林大學邊疆考古硏究中心, pp.1~2.

구문화, 홍산문화의 유구들이 함께 발굴되었는데 그 중 가장 많은 수를 차지하는 것은 흥륭와문화의 유구이다.

〈그림 63〉백음장한유적 전경(內蒙古自治區文物考古研究所, 2004)

발견된 흥륭와문화의 유구들은 백음장한유적 2기 갑류, 백음장한유적 2기 을류의 두 시기로 구분된다. 먼저 2기 갑류의 주거지는 2기이고, 무덤은 3기이다. 유물은 적게 발견되었는데, 질그릇, 석기가 있다. 이 유구들은 일부학자들에 의해 흥륭와문화 "남태자유형"으로 불린다. 다음으로 2기 을류는 환호 2기, 주거지 54기, 저장구덩이 9기, 무덤 14기가 발견되었다. 주거지와 저장구덩이는 모두 남북 양쪽의 취락 환호 내에 분포한다. 취락마다 산 정상부에는 각각 하나씩의 무덤구역이 있다. 2기 을류의 유구들은 흥륭와문화 "백음장한유형"으로 불린다.[106] 2기 갑류 유적은 흥륭와문화 2기에 해당하고, 2기 을류 유적은 흥륭와문화 4기에 해당해 그 연대 차이가 있다.

백음장한유적의 주거지는 흥륭와유적의 주거지와 약간 차이가 있다. 백

106) 索秀芬, 2005, 「試論白音長汗類型」, 『考古與文物』 第4期, 陝西省考古研究所, pp.48~53; 索秀芬·郭治中, 2003, 「白音長汗遺址興隆窪文化一期遺存及相關問題」, 『邊疆考古研究』 第3期, 吉林大學邊疆考古研究中心, p.1; 索秀芬·李少兵, 2004, 「南台子類型分期初探」, 『內蒙古文物考古』, 第2期, 內蒙古文物考古研究所, pp.29~36; 連吉林, 2007, 「試論南台子類型」, 『內蒙古文物考古』, 內蒙古文物考古研究所, pp.29~37.

음장한유적의 주거지는 일반적으로 장방형의 출입시설이 있으며, 주거지 중앙에는 판돌을 사용한 방형의 화덕 자리가 있다. 일부 주거지에서는 진흙으로 만든 우리(圈)가 있는데, 보통 1개가 있지만 2개나 3개가 중첩된 경우도 있다.[107] 이것이 동물을 키운 흔적인지는 확실하지 않지만, 흥륭와유적 주거지 내에서 아무 시설 없이 돼지뼈가 출토되는 것과는 다른 양상이기 때문에 발전된 가축시설로 추측할 수 있다.

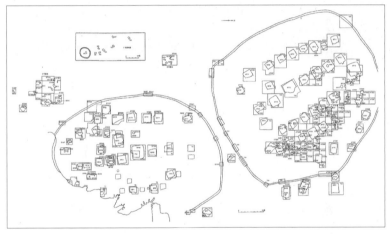

〈그림 64〉 백음장한유적 유구분포도(內蒙古自治區文物考古硏究所, 2004)

가. BF68

BF68은 환호유구 G2 내부에 위치한다. G2 내에서 발견된 주거지 중 가장 큰 면적을 가지고 있다. 길이 10.5m, 너비 9.6m로 면적은 100㎡이다. 바닥면은 진흙을 바른 후 불을 먹여 단단하게 했다. 동벽 부근에는 남북방향의 토릉(土棱)[108]이 있다. 토릉의 길이는 4.2m, 너비 0.15m, 높이

---

107) 곽대순(郭大順)·장성덕(張星德) 著·김정열 譯 2008, 『동북문화와 유연문명』, 동북아역사재단, pp.237~238.

0.1m이다. 화덕시설의 위치는
주거지 중앙에 있는데, 파괴가 심
하다. 장방형의 구덩이가 있고 판
돌이 놓여있던 흔적이 있다. 화덕
시설의 길이와 너비는 약 1m이
고 깊이는 0.15m이다. 기둥구멍
은 화덕시설 남쪽과 북쪽에 하나
씩 총 2개가 있다. 유물은 질그릇,
석기, 뼈도구 등이 발견되었다.

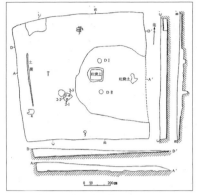

〈그림 65〉 백음장한유적 BF68
(內蒙古自治區文物考古硏究所, 2004)

나. AF19

AF19는 A구역의 중앙부에 위치한다. 길이 7.5m, 너비 7.5m, 깊이
0.15~0.70m이다. 모줄임 방형의 반지하식 주거지이다. 중앙의 거주면은
점토다짐 후 불다짐하였고, 가장자리는 생토면을 그대로 사용하였다. 화
덕시설은 중앙에 위치하는데 장방형의 판돌을 세워서 만들어졌다. 길이
0.9m, 너비 0.84m, 깊이 0.28m이다. 돌출형의 출입시설이 있으며 경사
가 있다. 유물은 질그릇, 뼈도구, 석제 인물조각품 등이 발견되었다.

다. AF50

AF50은 환호유구 G1의 서남쪽에 위치한다. 동벽은 일부 소실되었다.
길이 4.2m, 너비 6.4m이다. 서벽 부근에는 토릉(土楞)이 형성되어 있다.
또 이곳에는 2개의 말발굽 형태의 진흙 우리[圈] 2기가 있는데, 그 사이에
는 식량을 가공하던 돌절구가 있다. 화덕시설은 주거지 중앙에 위치해 있

---

108) 바닥면 위에 볼록 나온 토대를 말한다.

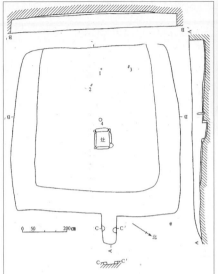

<〈그림 66〉 백음장한유적 AF19
(內蒙古自治區文物考古硏究所, 2004)

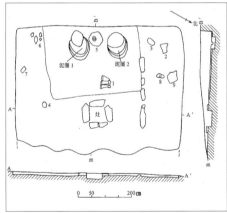

〈그림 67〉 화덕자리 근처에서 발견된
인물조각품

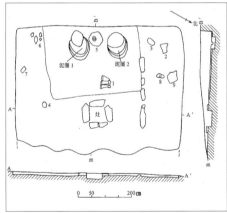

〈그림 68〉 백음장한유적 AF50
(內蒙古自治區文物考古硏究所, 2004)

〈그림 69〉 AF50 세부
(內蒙古自治區文物考古硏究所, 2004)

으며 장방형의 판돌을 이용해 만들어졌다. 동서 길이 1.15m, 남북너비 1.12m, 깊이 0.19m이다. 뚜렷한 기둥구멍은 보이지 않는다. 유물은 질그릇, 석기 등이 발견되었다.

(4) 남태자유적의 주거지[109]

〈그림 70〉 남태자유적 위치도

남태자유적은 적봉시 극십극등기에 위치하고 있다. 남쪽으로 2.5㎞지점에 경붕진(經棚鎭)이 있고, 동으로 0.5㎞ 지점에 서랍목륜하 지류인 벽류하(碧柳河)가 흐르며, 서북쪽은 골짜기와 높은 산들에 막혀있다. 유적이 소재한 곳의 지세는 비교적 평지이지만 북쪽이 약간 높으며, 지면의 높이는 하천의 높이보다 20m 높다. 유적의 동서길이는 약 140m이고 남북 너비는

---

109) 內蒙古文物考古研究所, 1997, 「克什克騰旗南台子遺址」, 『內蒙古文物考古文集』 第二集, 中國大百科全書出版社, pp.56~60; 內蒙古文物考古研究所, 1994, 「克什克騰旗南台子遺址發掘簡報」, 『內蒙古文物考古文集』 第一集, 中國大百科全書出版社, pp.88~89; 索秀芬·李少兵, 2004, 「南台子類型分期初探」, 『內蒙古文物考古』, 第2期, 內蒙古文物考古研究所, pp.29~36; 連吉林, 2007, 「試論南台子類型」, 『內蒙古文物考古』, 內蒙古文物考古研究所, pp.29~37.

약 80m이다. 남태자유적은 1992년 5~7월 사이에 내몽고 문물고고연구소에 의해 집녕(集寧)-통화(通化)철로건설공정 과정에서 구제발굴 되었다. 5m×5m, 9m×9m, 10m×10m 트렌치를 총 69개 조사하였으며 조사면적 3100㎡이다. 흥륭와문화 주거지 33기, 저장구덩이 11기가 발굴되었으며, 질그릇, 석기, 뼈도구, 조개도구 등의 유물이 발견되었다.

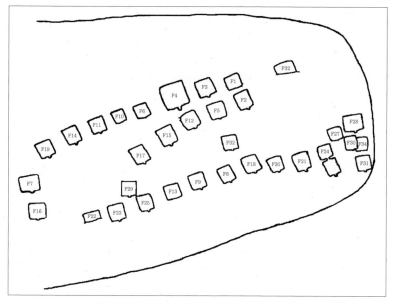

〈그림 71〉 남태자유적 유구분포도(索秀芬·李少兵, 2004)

남태자유적에서는 발견된 33기의 주거지도 역시 열을 지어 군을 이루고 있다. 장방형과 방형의 평면에 지하식이다. 출입구는 동남쪽으로 난 것과, 남서쪽으로 난 것이 있다. 주거지의 면적은 다양한 편으로, 최대 규모의 주거지는 F4이다. F4의 면적은 81㎡로 가장 뒷줄 중앙에서 발견되었다. 또 맨 앞줄 동쪽에서는 전실(前室)과 후실(後室)을 가지는 쌍실(雙室)의 주거지가 발견되었는데, 각 실(室)에 화덕시설이 있다. 전실에는 통형관, 돌삽, 갈판(石磨盤)등이 출토되었고, 후실에서는 질그릇, 돌도끼, 좀돌날, 녹각, 사슴 머리뼈, 짐승뼈 등 다양한 유물이 출토되었다. 후실의 주거면이 전실보다 높다. 이러한 쌍실의 구조는 형태의 차이는 있지만 후대의 소하연문화 주거유적에도 나타난다.[110]

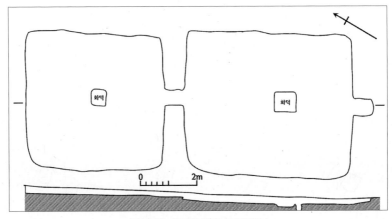

〈그림 72〉 쌍실의 구조를 가진 F24

가장 규모가 작은 주거지의 면적은 20㎡이다. 벽은 0.1~0.65m 가량 남아있는데 수직에 가깝거나 아주 약간 기울어져있다. 벽은 비교적 평평하며, 부분적으로 풀을 섞은 진흙을 발랐다. 출입시설은 벽의 정중앙 혹은 약간 치우쳐 돌출되어있다. 바닥은 비교적 평평하거나 약간 기울어져있으며 방향은 대다수 동남방향이다. 출입시설은 비교적 짧은데, 길이 0.5~1.2m, 너비 0.45~0.9m이다. 주거지 면적이 큰 것은 출입시설도 길며, 면적이 작은 것은 출입시설도 짧다. 주거지 출입시설이 파괴되었거나 명확히 보이지 않는 경우도 있다. 거주면은 대부분 황토흙을 깔았으며 평

110) 곽대순(郭大順)·장성덕(張星德) 著·김정열 譯 2008,『동북문화와 유연문명』, 동북아역사재단, pp.240~241; 복기대, 2009, 「소하연문화에 관하여」,『고조선연구』, 제21호, 고조선학회, p.6.

탄하고 단단하게 다졌으며, 불에 다진 것도 있다. 주거지 내에서는 모두 화덕시설이 발견되었는데, 화덕시설은 주로 돌두름식이나 무시설 화덕의 두 종류이다. 화덕시설의 평면은 방형 혹은 장방형으로 일반적으로 주거 지 중앙이나 출입시설 근처에 시설되어있다. 돌두름식 화덕시설은 길고 얇은 판돌을 주위에 둘러쌓아 만들었다. 화덕시설면과 거주면은 서로 평 평하거나 혹은 거주면이 약간 낮다. F24는 쌍실인데, 전실화덕시설 옆에 서는 거주면 아래에 묻힌 도통형관이 발견되었다. 관 몸체는 완전하고 출 토시에 관 내부에서 초목탄이 발견되었다. 이것은 화덕의 불씨를 보존하 는 용도로 추정된다. 기둥구멍은 주거지 내에서 소량 발견되며 평면은 원 형이나 타원형이다.

가. F2

가운데 열의 동쪽 끝에 위치한
다. 장방형의 수혈주거지로 길이
6.6, 너비 5.4m, 벽의 잔존 높이
는 0.15~0.3m이다. 벽에는 풀을
섞은 진흙을 덧대어 단단하게 하
였는데, 대부분 떨어져 나간 흔
적이 보인다. 출입시설은 남쪽으
로 나있는데, 남태자유적의 거의
모든 주거지의 출입시설이 남쪽

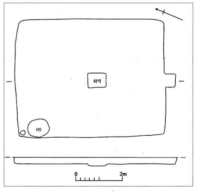

〈그림 73〉 남태자유적 F2
(內蒙古文物考古研究所, 1997)

을 향해있다. 시설의 길이는 0.5m, 너비 0.6m이다. 바닥은 점토를 이용하 여 2~4㎝의 두께로 다졌다. 주거지 중앙에는 방형의 구덩식 화덕이 위치 해 있는데, 돌 시설은 없다. 발견된 기둥구멍은 하나이다.

나. F6

모줄임 방형의 수혈주거지이
다. 길이 5.1m, 너비 5m, 벽의
잔존높이는 0.2m~0.4m이다. 벽
에는 풀을 섞은 점토로 단단하게
다졌는데, F2의 경우보다 두텁다.
출입시설은 마찬가지로 남쪽으
로 나있으며, 돌출된 방형의 형
태이다. 시설의 길이는 0.6m, 너
비 0.7m이다. 바닥면에는 활갈

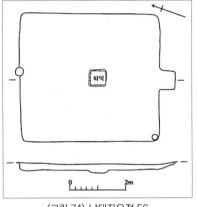

〈그림 74〉 남태자유적 F6
(內蒙古文物考古硏究所, 1997)

색 점토를 0.5cm 두께로 깔아 단단하게 다졌다. 화덕시설은 중앙에 있는
데, F2가 무시설(無施設) 이었던 것과 달리 장방형의 판돌을 세워서 만들
었다. 기둥구멍은 2개가 발견되었으나 대칭적이지는 않다.

3) 무덤

흥륭와문화의 무덤은 주거지에 비해 많이 발견되지 않았다. 흥륭와유
적, 사해유적, 백음장한유적에서 무덤유구들이 발견되었으며, 남태자유적
에서는 발견되지 않았다. 하지만 남태자유적의 발굴면적이 다른 세 유적
에 비해 작기 때문에 남태자유적에 무덤유구가 없었을 것이라고 단정할
수는 없다. 흥륭와유적에서는 30여기, 사해유적에서는 16기, 백음장한유
적에서는 17기의 무덤이 발견되었다.

흥륭와문화의 무덤양식은 서랍목륜하를 기점으로 그 이남지역과 이북
지역이 크게 차이가 나는데, 이남지역의 흥륭와유적, 사해유적은 움무덤

이 주로 발견되며, 이북지역의 백음장한유적에서는 돌을 사용한 무덤이 주로 발견된다. 두 지역 무덤의 형태를 세분하면 주거지 내부에 형성된 움무덤(실내무덤, 居室墓)과 실외 움무덤, 돌널무덤, 돌무지무덤의 네 가지로 나뉜다.

(1) 서랍목륜하 이남지역의 무덤

가. 실내무덤[居室墓]

실내무덤은 흥륭문화의 대표적인 문화요소로서 알려져 있다. 하지만 흥륭와유적에서 30여기, 사해유적에서 6기가 발견되었고,[111] 그 외의 유적에서는 발견되지 않았다. 정확히 말하자면 흥륭와문화 일부유형의 대표 요소인 것이다.

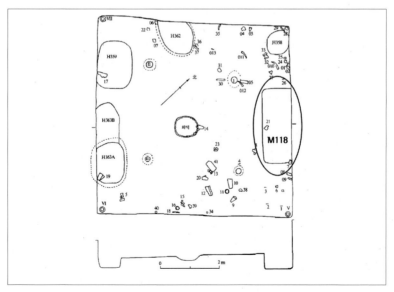

〈그림 75〉 주거지내에 형성된 실내무덤(中國社會科學院考古硏究所內蒙古工作隊, 1997)

흥륭와유적과 사해유적의 실내무덤은 모두 주거지의 한쪽 벽면에 위치하며, 한사람이 묻힌 움무덤이다. 피장자로는 아동도 있고 성인도 있다. 대부분 부장품을 갖추고 있는데, 수량은 차이가 있다. 사해유적 F7에서 발견된 무덤 1기의 피장자는 아동임에도 불구하고 옥기가 7점이나 출토되었다. 또 사해 F43 주거지의 실내무덤 1기에서는 옥 귀걸이 한쌍, 질그릇 7점이 출토되었다.

주목할 만한 것은 흥륭와유적 F180호 주거지 내의 M118 무덤인데, 성인 남성의 무덤으로 매장주체부의 길이가 2.5m, 폭은 1m에 달하며 질그릇, 석기, 뼈도구, 옥기(옥결)와 조개도구 등 모두 다섯 종류의 부장품이 수장되었다. 석기는 눌러떼기로 제작된 좀돌날이 715편이나 출토된 것이 특징적이다. 그리고 피장자의 우측에는 전신이 묶인 동물 2마리가 함께 수장되어 있었는데, 돼지 암수 한 쌍이 매장된 것으로 알려졌다.[112] 이러한 예는 같은 흥륭와문화 내의 다른 유적에서는 물론 중국과 한국 내에서도 발견된 예가 없다.

이 실내무덤이 이차장을 위한 임시 매장지일 가능성도 생각해 볼 수 있지만, 실내무덤이 발견된 흥륭와유적에서는 따로 형성된 무덤구역이 발견되지 않았다. 실내무덤이 발견된 다른 유적인 사해유적에서는 따로 형성된 무덤구역이 있지만, 그 무덤구역의 수혈묘에도 대부분 인골이 존재하며, 실내무덤의 수혈에도 부패가 심하긴 하지만 인골이 남아있어 임시로 매장한 후 다른 무덤지역으로 옮겨진 흔적은 보이지 않는다. 또 실내무덤이 있는 주택 중 일부는 시신이 매장된 후에도 사용되었지만 일부는 매장 후에 폐기된 흔적이 발견되어 망자(亡者)가 살던 집 자체를 무덤시설로 이용한 경우도 있었던 것으로 보인다.

---

111) 劉國祥, 2003, 「興隆窪文化居室葬俗再認識」, 『華夏考古』第, 1期, 河南省文物考古研究所, p.43.

나. 실외 움무덤

실내무덤을 제외한 움무덤은 주로 사해유적에서 볼 수 있는데, 취락 유적 중심부에서 움무덤 10여기와 제사구덩이 2기, 용형 돌무더기가 붙어서 발견되었다.[113] 무덤들은 서로 중복되어 파괴된 흔적도 있어 동시기에 생성된 것은 아닌 것으로 보인다. 하지만 대부분의 무덤이 용형 돌무더기를 향해 위치하고 있어서, 무덤과 돌시설이 밀접한 관계가 있었던 것은 분명하다.

무덤의 길이는 1.8~3.3m, 폭은 0.5~0.9m로 다양한 편이다. 대부분이 단인장이지만 사해유적 M7무덤의 경우 성인 여성 1인, 아동 2인이 함께

〈그림 76〉 사해유적 움무덤　　　　〈그림 77〉 사해유적 움무덤
(遼寧省文物考古硏究所, 2012)　　　(遼寧省文物考古硏究所, 2012)

---

112) 곽대순(郭大順)·장성덕(張星德) 著·김정열 譯 2008, 『동북문화와 유연문명』, 동북아역사재단, pp.246~250.

113) 遼寧省文物考古硏究所, 2012, 『査海-新石器時代聚落遺址發掘報告』 中, 文物出版社, p.539.

매장되어 있다. 부장품은 거의 없지만 2호와 8호 무덤에서는 발견되기도 했다. 2호 무덤에는 홍갈색의 작은 통형관 2점이 부장되었고, 8호 무덤에서는 석기가 22점이 부장되었다. 제사 구덩이에서는 비교적 많은 양의 돼지 뼈가 발견되었다. 돼지 부장은 흥륭와유적 실내무덤에서도 발견되는 것으로 보아, 흥륭와문화의 제사에서 돼지가 매우 중요하게 사용되었다는 것을 알 수 있다.[114]

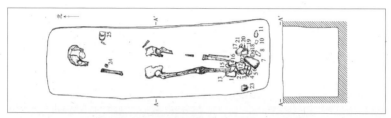

〈그림 78〉 사해유적 M8(遼寧省文物考古研究所, 2012)

(2) 서랍목륜하 이북지역의 무덤

가. 돌널무덤[115]

돌널무덤은 백음장한유적 외에는 볼 수 없는 형태이며, 백음장한 유적 내에서도 이른 단계의 무덤으로[116] 알려져 있다. 총 3기인데(M5, M13, M16) 모두 장방형의 돌널무덤이다. 먼저 장방형의 구덩이를 파고, 묘광 네 벽에 평평한 판돌을 세워 만들었다. 모두 무덤뚜껑이 있으며, 발견된 인골은 단인장, 펴묻기(仰身直肢葬)의 형태로 발견되었다. M13은 도굴 당하지 않았지만 나머지 두 기는 모두 도굴 당했다.

M13의 위치는 취락유적과 떨어져 서남쪽 산 정상부에 위치하는데 주위에는 돌이 둘러져있던 흔적이 남아있다. 네 벽에 세운 판돌은 무너질 것을 대비해 판돌이 세워진 네 벽 아래 바닥을 약간 파서 고정시켰다. 바닥

에도 판돌이 깔려 있으며, 그 위에 유골을 놓았다. 무덤의 덮개 또한 큰 판돌을 사용하였는데, 무너져 내렸다. 무덤의 길이는 2.56m, 너비는 0.94m이다. 바닥 길이는 2.5m, 너비 0.71m, 깊이 0.46m이다. 단인장이며 30세 정도의 남성이 매장되었는데 인골의 보존상태는 좋지 못하다. 두개골과 팔다리뼈만 남아있다. 무덤 바닥 중앙에는 통형관 1기와 돌통형관[石筒形罐] 1점이 발견되었다.

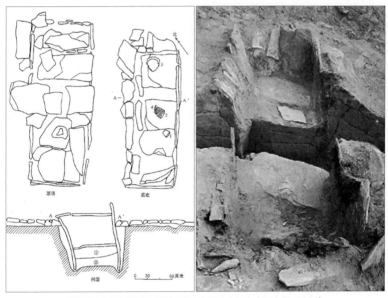

〈그림 79〉 돌널무덤 M13(內蒙古自治區文物考古研究所, 2004)

114) 곽대순(郭大順)·장성덕(張星德) 著·김정열 譯 2008, 『동북문화와 유연문명』, 동북아역사재단, pp.246~250

115) 內蒙古自治區文物考古研究所, 2004, 『白音長汗』上, 科學出版社, pp.28~31; 索秀芬·郭治中, 2003, 「白音長汗遺址興隆窪文化一期遺存及相關問題」, 『邊疆考古研究』第3期, 吉林大學邊疆考古研究中心, pp.1~2.

116) 발굴보고서에는 '백음장한 2기 갑류(甲類)'로 칭하며 이른시기의 흥룽와문화 유적으로 분류된다.

M16의 위치 역시 취락유적 서남쪽 산 정상부로, M13의 북쪽 근처에 있다. 네 벽의 판돌은 이미 무너졌고, 덮개돌은 유실되었으며 M16의 주위에 둘러진 돌들 역시 없어졌다. 판돌은 동쪽으로 약간 기울어져 있는데, M13과 마찬가지로 네 벽에 세운 돌 아래 바닥이 움푹 들어가 있다. 묘구의 길이는 2.02m, 너비 0.6m, 깊이는 지표로부터 0.23m이다. 묘 바닥의 길이는 2.02m, 너비 0.6m, 깊이 0.37m이다. 단인장으로 피장자는 30세정도의 여성

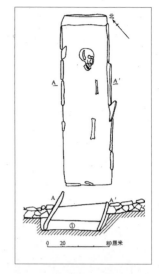

〈그림 80〉 백음장한유적 돌널무덤 M16
(內蒙古自治區文物考古研究所, 2004)

이며 역시 두개골과 팔다리 뼈만 남아있다. 얼굴은 위를 바라보고 있으며, 부장품은 없다.

백음장한유적의 무덤은 I호와 II호 두 개의 구역으로 나누어 배치되어 있다. M13과 M16의 돌널무덤은 II호 무덤구역에 위치하는데 반해, M5는 I호 무덤구역에 동떨어져 있다. 무덤 형식은 앞의 두 경우와 동일하지만 판돌이 더욱 잘 다듬어져있고, 배치도 가지런하다. 뿐만 아니라 묘광 주위에는 직경 9m정도의 원형 돌무지시설이 있다. 비록 부장품은 보이지 않았지만, 다른 무덤들과 달리 원형 돌무지시설이 설치되어 있는 점과 정연한 판돌의 배치를 보아 M5의 피장자는 백음장한 취락에서 상당히 높은 지위를 차지하였을 것으로 보인다.

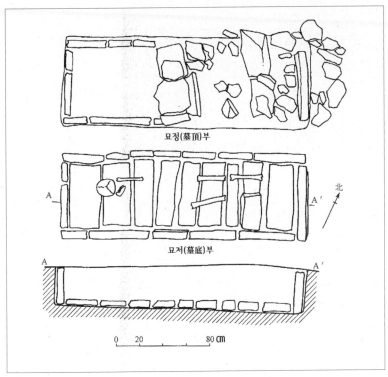

묘정(墓頂)부

묘저(墓底)부

北

0   20   80 cm

〈그림 81〉 백음장한유적 돌널무덤 M5(內蒙古自治區文物考古硏究所, 2004)

〈그림 82〉 백음장한유적 M5주변 돌무지시설(內蒙古自治區文物考古硏究所, 2004)

나. 돌무지무덤[117]

돌무지무덤 역시 다른 유적에서 보이지 않는 형식으로 백음장한 유적 중 늦은 단계의 유구로 편년된다.[118] 늦은 단계의 무덤으로 총 14기가 발굴되었는데 백음장한유적의 I, II호 무덤구역에서 각각 7기씩 발굴되었다. 대부분이 돌무지무덤이지만 돌무지의 흔적만 남고 돌이 없어진 것도 있다. 대표적인 무덤들의 양상을 살펴보면 다음과 같다.

M7의 위치는 I호 무덤구역의 서북쪽에 있는데, 다른 무덤들과 5~12m 정도 거리를 두고 있다. 지표면의 돌무지는 불규칙한 형태이며 길이 0.87m, 너비는 0.47m로, 토광의 면적보다 작다. 토광의 평면은 모줄임 장방형이며, 곧은 벽에 평평한 바닥을 가지고 있다. 길이는 1.51m, 너비는 0.85m, 깊이는 0.5m이다. 피장자의 머리는 동북향이고 단인장이다. 두개골 아래에는 세 줄의 조개장식과 석식이 배치되어 있는데, 각 줄마다 7~9점의 장식품들이 놓여 있다. 무덤 내에서 총 130여점의 석제, 방제, 옥제 장식품들이 나왔는데, 그 중 옥매미[玉蟬]와 석제 곰 조각상[石彫熊]이 발견되기도 하였다.

〈그림 83〉 돌무지무덤 M2(좌), M7(우)(內蒙古自治區文物考古硏究所, 2004)

---

117) 內蒙古自治區文物考古硏究所, 2004, 『白音長汗』上, 科學出版社, pp.200~209.
118) 발굴보고서에는 '백음장한 2기 을류(乙類)'로 칭하며 늦은 단계의 흥륭와문화 유적으로 분류된다.

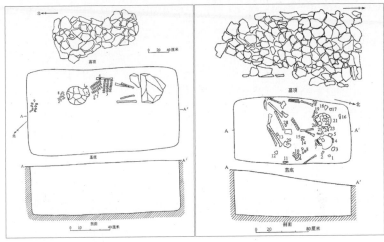

〈그림 85〉백음장한유적 돌무지무덤 M7
(內蒙古自治區文物考古研究所, 2004)

〈그림 84〉돌무지무덤 M2
(內蒙古自治區文物考古研究所, 2004)

M2의 위치는 I호무덤구역의 동남쪽에 있는데, 주변의 무덤들과 1~2m 정도 떨어져 있다. 지표면의 돌무지는 장방형에 가까우며, 길이는 2.24m, 너비는 1.16m이다. 토광의 평면 또한 장방형에 가까운데, 중간이 약간 넓은 편이다. 직벽과 평평한 바닥을 가진다. 길이는 1.8m, 너비는 0.9~1m, 깊이는 0.47~0.69m이다. 피장자의 머리는 서북향이고, 두 명이 합장되어 있는데 굽혀 묻혀있다[仰信屈肢]. 동쪽의 인골은 25세 정도의 남성이며, 서쪽의 인골은 25세 정도의 여성이다. 부장품으로는 35기의 석제, 방제, 옥제 장식품들이 있는데, 옥결(玉玦)과 옥관(玉管)도 발견되었다.

비록 시기의 차이가 조금 있긴 하지만 같은 유적에서 돌널무덤과 돌무지무덤이 함께 무덤 군을 이루어 발견된다는 것은 큰 의미가 있다. 흥륭와문화에 이어 조보구문화를 지나 이어지는 홍산문화의 후기 유적인 우하량유적의 무덤군 또한 돌무지무덤들이 군을 이루어 여러 곳에 분포하기 때문이다. 일부 중국학자들은 흥륭와문화가 바로 홍산문화로 이어진다는 견해를 제시하기도 하였는데, 이 같은 무덤양식의 특징은 그들의 중요한 근거가 되었을 것으로 생각한다.[119]

〈표 6〉 지역별 무덤형식 비교

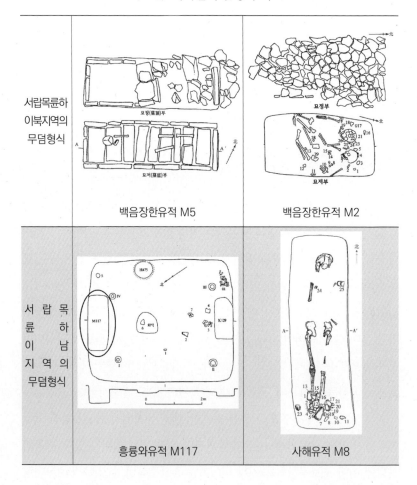

	서랍목륜하 이북지역의 무덤형식	
	백음장한유적 M5	백음장한유적 M2
서랍목륜하 이남지역의 무덤형식	흥륭와유적 M117	사해유적 M8

119) 楊 虎, 1989, 「關于紅山文化的几个問題」, 『慶祝蘇秉琦考古五十五年論文集』, 文物出版社, p.225; 복기대, 2013, 『홍산문화의 이해』, 두솔.

4) 유물

(1) 질그릇

흥륭와문화 질그릇기종은 매우 단순하여 절대다수가 통형관류(筒形罐類)이다. 통형관들은 기벽에 모래질이 끼어있어 모래가 낀 통형관[夾沙筒形罐]으로 불리기도 한다.

모래가 낀 통형관은 다시 태토질에 따라 크게 두 가지로 구분된다. 첫 번째는 조립질(粗粒質)의 모래질토이다. 이 토질을 이용하여 만든 통형관은 기벽이 두껍고, 무겁다. 기본적으로 홍갈색과 황갈색을 띠며 시기가 뒤로 가면서 회흑색을 띠는 것이 자주 나타난다. 태토 내에 금색 운모 입자를 함유하고 있기도 하다. 두 번째는 세립질(細粒質)의 모래질토이다. 질그릇 표면은 회색, 회흑색을 띤다. 기벽은 조립질에 비해 단단하다. 기형으로는 통형관, 바리[鉢], 잔[杯] 등이 있고, 중소형 관도 있다. 흥륭와문화에서 세립질의 진흙질질그릇은 아직 보이지 않지만, 마연을 하여 표면이 매끄럽고 광이나는 질그릇들이 가끔씩 보이기도 한다.

앞서 언급했듯이 흥륭와문화에서 보이는 질그릇기종은 대부분 통형관이다. 대다수의 통형관이 테쌓기(윤적법)나 서리기(권상법)를 사용하여 제작되었으며, 저부는 따로 만들어서 연결시켰다. 발형질그릇[鉢形土器類]의 수량은 적지만 통형관에 비해 정교하게 제작된 것이 특징이다.

흥륭와문화의 질그릇이 기종이 많지 않은 것에 비해 새긴 문양은 다양하고 세밀하게 시문하였다. 통형관의 문양은 시기가 뒤로 갈수록 더욱 발전하는데, 이른 단계에 문양을 새기지 않거나 질그릇일부에 새기는 형태가 주를 이룬다면 늦은 단계에서는 문양을 질그릇 전체에 시문하는 양상을 보인다. 시문 방법으로는 압획(壓劃), 압인(壓印), 착인(戳印) 등이 있다.

질그릇에 시문된 문양은 대체로 2종류 이상의 문양 대(帶)로 구성되는데, 일반적으로 구연 아래에 시문하고, 복부나 하단부에도 시문된다. 중간에 여러 형식의 부가퇴문도 보이며, 동체부의 주체문양도 시기에 따라 '之'자문, 와점문(窩點文), 능형문(菱形文), '人'자문, 평행사선문(平行斜線紋), 교차문(交叉紋), 망상문(網狀文)등이 있다.[120]

통형관의 형태적인 발전 추세는 높이가 높은 것에서 낮은 것으로, 구연부가 얇은 방순(方盾)혹은 원순(圓盾)에서 두터운 이중구연으로 변한다.[121] 우선 흥륭와문화는 각 유적의 지층관계와 유구 중복 정황에 근거해서 모두 네 시기로 구분할 수 있는데, 각각 1기, 2기, 3기, 4기이다.[122] 시기구분을 언급한 것은 질그릇 또한 각 시기별로 다른 양상을 보이기 때문이다.

〈표 7〉 흥륭와문화 시기구분

시기	1기	2기	3기	4기
유적구분	사해조기	사해중기	사해만기	
		흥륭와	흥륭와	
		백음장한 2기 갑류(甲類)		백음장한 2기 을류(乙類)
		남태자		

---

120) 곽대순(郭大順)·장성덕(張星德) 著·김정열 譯 2008, 『동북문화와 유연문명』, 동북아역사재단, pp.244~246; 자세한 문양의 양상은 그림을 참조.

121) 索秀芬, 李少兵, 2011, 「興隆窪文化分期與年代」, 『文物』第8期, 文物出版社, pp.51~52.

122) 遼寧省文物考古研究所, 2012, 『査海-新石器時代聚落遺址發掘報告』, 中, 文物出版社, pp.674~683.

123) 遼寧省文物考古研究所, 1994, 「遼寧阜新縣査海遺址 1987~1990年三次發掘」, 『文物』第11期. 文物出版社, pp.12~13; 遼寧省文物考古研究所, 2012, 『査海-新石器時代聚落遺址發掘報告』中, 文物出版社, p.667.

가. 흥륭와문화 1기 질그릇

흥륭와문화의 가장 이른 시기인 1기
는 사해유적 조기(早期)의 유구 및 유물
들이 대표적이다. 사해유적의 조기 질
그릇은 모두 모래가 낀 홍갈색 질그릇
[夾沙紅褐陶]이다. 태토질은 거칠고 소
성온도는 낮다. 기종은 대부분 심복통
형관류인데, 구연부가 넓은 사직복(斜直
腹)이 많다(그림 87:1, 3, 4). 사직복을

〈그림 86〉 1기 질그릇
(遼寧省文物考古研究所, 2012)

가진 것 이외에 동체부가 약간 볼록한 미호복관(微弧腹罐)도 있으며(그림
87:2), 이중구연을 가진 질그릇도 보인다. 문양은 구연 아래에 단사선문
(短斜線紋)이 횡으로 시문되어 있다(그림 87:1). 구연 아래쪽의 동체부에
는 무문이 많은데, 구연 아래의 부가퇴문과 와점문(窩點紋)이 새겨진 것도
발견된다(그림 87:4).[123]

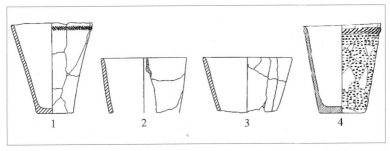

〈그림 87〉 흥륭와문화 1기 질그릇(遼寧省文物考古研究所, 2012에서 재편집)
1, 3, 4.사직복관(斜直腹罐), 2.미호복관(微弧腹罐)

나. 흥륭와문화 2기 질그릇

흥륭와문화 2기는 흥륭와 F171, F220, F2, 사해 중기, 백음장한 2기 갑

류(甲類), 남태자유적의 유구 및 유물들이 대표적이다.

흥륭와문화 2기 질그릇은 기본적으로 회갈색 혹은 황갈색의 모래가 낀 질그릇이다. 대부분의 질그릇에 시문이 되어있는데, 흥륭와문화 1기와는 다르게 질그릇 전체에 시문되어 있는 것이 특징이다. 질그릇을 2~3 단으로 나누어 여러 가지 문양을 복합적으로 시문하였는데[分段式複合紋], 일반적으로 구연부 아래에 요현문(凹弦紋)이 있고, 그 아래에는 한 줄의 부가퇴문, 다시 아래에는 주체문식이 있다. 주체문식으로는 단사선교차문(短斜線交叉紋), 불규칙한 '人'자문, 장와문(長窩紋)과 망격문(網格紋) 등이 보인다.[124]

통형관은 대다수가 구연이 크게 벌어진 사직복(斜直腹)이다. 소량의 통형관에서 두터운 이중구연이 외반하는 형태가 발견되고, 구경과 저경 차이가 흥륭와문화 1기에 비해 작아진다. 또 통형관 이외의 기종으로 고복관(鼓腹罐)과 발형질그릇[鉢], 잔형질그릇[杯] 등이 출현한다.

사해유적에서 보이는 흥륭와문화 2기 질그릇도 홍갈색의 모래가 낀 통형관이 상당수를 차지한다. 회갈색 질그릇의 수량은 점점 증가하는 추세이다. 질그릇에 새긴 문양 또한 사해유적 조기 질그릇에 비해 명확히 증가한다. 다만 아직까지 가지런하지 못한 편이다. 교차문(交叉紋), 와점문(窩點紋), '人'자문, 단사선문(短斜線紋) 등이 한기의 질그릇에 복합적으로 시문하였다. 흥륭와유적의 양상과 같은 것이다.

질그릇 기종으로는 직복통형관을 제외하면 고복관(鼓腹罐)과 발형질그릇, 잔형질그릇류 등이 있다. 직복통형관은 1기의 사복(斜腹)에서 직복(直腹)의 형태로 변해간다. 하지만 여전히 구연이 크게 벌어진 사복도 존재

---

124) 中國社會科學院考古研究所內蒙古工作隊, 1997,「內蒙古敖漢旗興隆窪聚落遺址 1992 年發掘簡報」,『考古』第1期, 科學出版社, pp.10~14; 遼寧省文物考古研究所, 2012,『查海-新石器時代聚落遺址發掘報告』上, 中, 下, 文物出版社.

하고 있다. 사복은 구경과 저경 차이가 큰 것이고, 직복은 구경과 저경의 차이가 상대적으로 작은 것을 말한다. 또 두터운 이중구연 질그릇이 출현한다.[125]

백음장한 2기 갑류(甲類) 유적의 질그릇은 모래질이 섞인 통형관 위주이고, 질그릇 색은 황갈색, 홍갈색, 회갈색, 흑갈색 등이 있다. 문양은 요현문(凹弦紋), 삭상조대문(索狀條帶紋), 망격문(網格紋), 평행사선문(平行斜線紋), 교차문(交叉紋)과 장와문(長窩紋)와 등이다. 다른 유적의 질그릇과 마찬가지로 분단식 복합문이 유행한다. 기형은 직복통형관이 대다수이지만, 이외에 고복관(鼓腹罐), 발형질그릇 등이 자주 보인다. 직복관의 구연부는 이중구연이 많고, 사직복 혹은 미호직복(微弧直腹)이다.[126]

남태자유적의 질그릇 역시 모래질이 섞인 통형관 위주이며 색은 황갈색, 홍갈색, 회흑색 등이 있다. 소성온도는 낮고, 태토질은 굵고 거칠다. 기종은 직복통형관 이외에 소량의 고복관(鼓腹罐)과 잔형질그릇, 발형질그릇 등이 있다. 직복통형관은 크게 벌어진 구연과 두터운 이중구연을 가진 것이 있다. 문양은 역시 분단식조합문이 유행한다. 압인교차문(壓印交叉紋) 위주이고, 이외에 '人'자문, 사선문(斜線紋), 요현문(凹弦紋), 부가퇴문 등이 있다.[127]

흥륭와문화 2기 질그릇들은 1기 질그릇들에 비해 새로 보이는 특징들

125) 遼寧省文物考古研究所, 1994,「遼寧阜新縣查海遺址 1987~1990年三次發掘」,『文物』第11期. 文物出版社, pp.12~13; 遼寧省文物考古研究所, 2012,『查海-新石器時代聚落遺址發掘報告』中, 文物出版社, pp.678~679.

126) 內蒙古自治區文物考古研究所, 2004,『白音長汗』上·下, 科學出版社, pp.30~40; 遼寧省文物考古研究所, 2012,『查海-新石器時代聚落遺址發掘報告』中, 文物出版社, p.679.

127) 內蒙古文物考古研究所, 1997,「克什克騰旗南台子遺址」,『內蒙古文物考古文集』第二集, 中國大百科全書出版社, pp.62~67; 內蒙古文物考古研究所, 1994,「克什克騰旗南台子遺址發掘簡報」,『內蒙古文物考古文集』第一集, 中國大百科全書出版社, pp.89~90; 遼寧省文物考古研究所, 2012,『查海-新石器時代聚落遺址發掘報告』中, 文物出版社, p.679.

이 많은데, 우선 문식의 시문이 매우 보편적으로 이루어지고, 여러 종류의 문양들이 시문되었다. 또 흥륭와, 사해, 백음장한, 남태자 등 모든 흥륭와 문화 유적에서 직복통형관 이외에, 고복관(鼓腹罐)이나 발형질그릇, 잔형 질그릇 등이 새롭게 출현하였다.

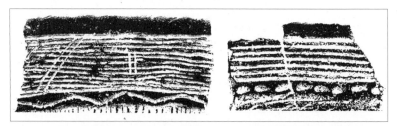

〈그림 88〉 요현문(凹弦紋)(遼寧省文物考古研究所, 2012)

〈그림 89〉 단사선교차문(短斜線交叉紋)(遼寧省文物考古研究所, 2012)

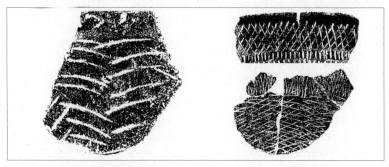

〈그림 90〉 불규칙 'ㅅ'자문
(遼寧省文物考古研究所, 2012)

〈그림 91〉 망격문(網格紋)
(遼寧省文物考古研究所, 2012)

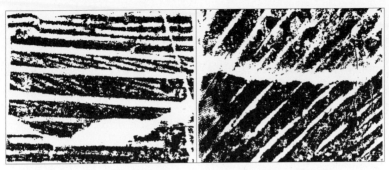

〈그림 92〉 삭상조대문(索狀條帶紋)　　　　〈그림 93〉 평행사선문
(内蒙古自治區文物考古研究所, 2004)　　　(内蒙古自治區文物考古研究所, 2004)

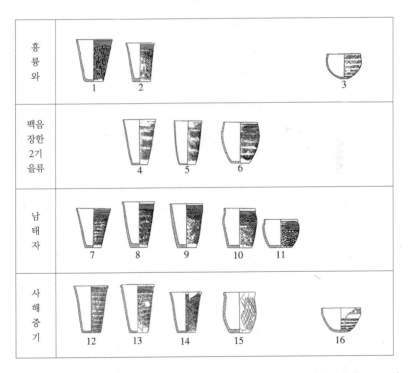

〈그림 94〉 흥륭와문화 2기 질그릇(遼寧省文物考古研究所, 2012 에서 재편집)
1, 7, 12.사복관,　2, 4, 5, 8, 9, 13, 14.직복관,　6, 10, 11, 15.고복관(鼓腹罐),　3, 16.발

다. 흥륭와문화 3기 질그릇

흥륭와문화 3기 질그릇으로는 흥륭와 유적의 F180, F123, F176, F177 등의 주거지에서 출토된 질그릇들과 사해 유적 만기 주거지에서 출토된 질그릇들이 포함된다. 출토된 질그릇은 표면이 회갈색인 것이 많으며, 홍갈색이 상대적으로 적다. 분단식복합문이 여전히 유행하고 있다. 주체문식으로는 '之'자문, 단사선교차문(短斜線交叉紋), 망격문(網格紋), '人'자문, 기하문(幾何紋) 등이 있다. 홍산문화 등의 후대 문화에도 계속해서 주요 질그릇무늬로 보이는 지자문과 기하문은 이 시기에 처음으로 등장하게 된다. 심복통형관은 구연이 나팔형태로 벌어진 것이 많이 보이며, 고복관은 어깨부분이 볼록한 것이 많이 보인다. 발은 이전에 내반했던 구연부가 외반하는 형식이 출현한다.[128]

사해유적 만기에는 회갈색 질그릇의 비율이 홍갈색 질그릇보다 높아진다. 분단식복합문이 여전히 유행하며 주체문식이 '之'자문 위주로 바뀐다. '人'자문, 망격문(網格紋), 단사선문(短斜線紋)과 기하문(幾何紋) 순으로 많이 보인다. 이외에 발형질그릇, 잔형질그릇 등의 기종들은 더욱 많아지는 양상을 보인다.

2기와 3기의 직복통형관 기벽을 비교해 보면, 2기에서 구연 바로 아래에서 약간 외반하던 구연은 너 아래지점에서 밖으로 크게 꺾여 나팔모양의 구연을 형성한다.[129]

128) 中國社會科學院考古研究所內蒙古工作隊, 1997, 「內蒙古敖漢旗興隆窪聚落遺址 1992年發掘簡報」, 『考古』 第1期, 科學出版社, pp.10~14; 遼寧省文物考古研究所, 2012, 『查海-新石器時代聚落遺址發掘報告』上, 中, 下, 文物出版社.

129) 遼寧省文物考古研究所, 1994, 「遼寧阜新縣查海遺址 1987~1990年三次發掘」, 『文物』 第11期. 文物出版社, pp.12~13; 遼寧省文物考古研究所, 2012, 『查海-新石器時代聚落遺址發掘報告』中, 文物出版社, pp. 680~682.

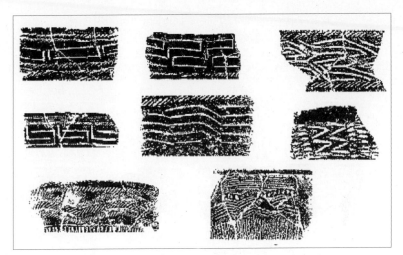

〈그림 95〉 기하문(遼寧省文物考古研究所, 2012에서 재편집)

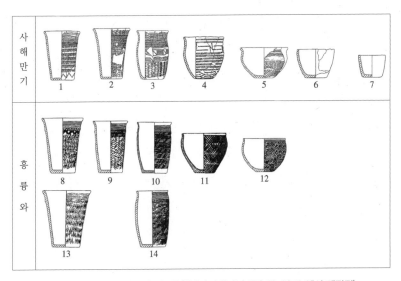

〈그림 96〉 흥륭와문화 3기 질그릇(遼寧省文物考古研究所, 2012에서 재편집)
1, 2, 8, 9, 13.나팔모양구연 통형관, 3, 10, 14.고복관(鼓腹罐), 5, 6, 12.발, 7.배

〈표 8〉 사해유적에서 발견된 지자문의 여러 가지 형태
(遼寧省文物考古研究所 2012)

구분	A형(직선식 지자문)		B형(곡선식 지자문)	
	Aa	Ab	Ba	Bb
竪壓橫排				
橫壓竪排				
혼합				

라. 흥륭와문화 4기 질그릇

흥륭와문화 4기는 백음장한유적 2기 을류 유적만이 해당된다. 백음장한 2기 을류(乙類) 질그릇의 절대다수가 모래질이 섞인 통형관이다. 질그릇 색은 황갈색이 많다. 문식은 질그릇 전신에 시문되어 있는데, 요현문(凹弦紋), 부가퇴문, '之'자문, 와점문(窩點紋), 평행수선문(平行竪線紋), 평행사선문(平行斜線紋), 단사선교차문(短斜線交叉紋), 지갑형문(指甲形紋), 비점문(篦占紋), 절선문(折線紋), '人'자문, 기하문(幾何紋), 구련파절문(句連波折紋), 능형문(菱形紋) 등이다. 그 중 지자문과 기하문이 가장 대표적으로 나타난다. 기종으로는 통형관, 잔형질그릇, 분형질그릇[盆], 발형질그릇, 완형질그릇[碗]이 있는데, 그 중 통형관과 잔형질그릇의 수량이 가장 많다.

흥륭와문화 3기에 비해 직복통형관의 기고와 구경의 차이가 감소하고, 구연 아래에 요현문과 부가퇴문 띠가 시문되는 면적이 넓어져 기고의 삼

<그림 97> 4기 질그릇
(內蒙古自治區文物考古硏究所, 2004)

<그림 98> 4기 질그릇
(內蒙古自治區文物考古硏究所, 2004)

분의 1정도까지 내려온다. 전 시기에 비해 넓은 이중구연과 넓은 부가퇴
문이 유행한다.[130]

위의 내용을 토대로 흥륭와문화 네 시기의 질그릇변화를 살펴보면 다음
과 같다.

1기의 질그릇은 원순 혹은 방순, 넓은 구연, 사복을 특징으로 하는 통형
관이 주요기종이다.

2기에는 좁은 이중구연, 원순 혹은 외반구연, 사직복, 날씬하고 긴 형체
를 특징으로 한다. 고복관(鼓腹罐), 발형질그릇, 잔형질그릇류가 새롭게 출
현한다.

---

130) 內蒙古自治區文物考古硏究所, 2004, 『白音長汗』上·下, 科學出版社. ; 遼寧省文物考古
硏究所, 2012, 『査海-新石器時代聚落遺址發掘報告』上, 中, 下, 文物出版社.

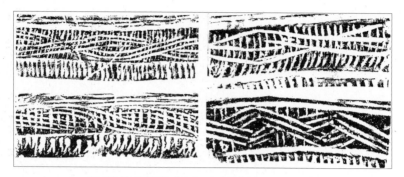

〈그림 99〉구련문(內蒙古自治區文物考古研究所, 2004)

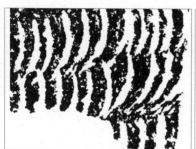

〈그림 100〉지갑문
(內蒙古自治區文物考古研究所, 2004)

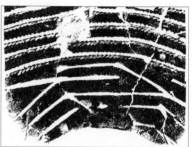

〈그림 101〉비점문(상), 절선문(하)
(內蒙古自治區文物考古研究所, 2004)

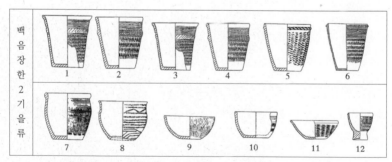

〈그림 102〉흥륭와문화 4기 질그릇(遼寧省文物考古研究所, 2012 에서 재편집)
1, 2, 3, 4.직복관, 5, 6.미호복관, 7.호복관, 8, 9.발, 10.완, 11.분, 12.배

3기에서는 단순히 넓게 벌어진 구연부가 나팔구연으로 변화한다. 2기에서 출현한 고복관(鼓腹罐), 발형질그릇, 잔형질그릇류가 더욱 발전한다.

4기에서는 나팔구연 통형관이 극소수의 비중을 차지한다. 밖으로 굽은 정도도 3기만 못하다. 오히려 사직구연이 유행하고, 넓은 이중구연과 넓은 부가퇴문이 유행한다. 또 넓고 긴 직복통형관이 유행한다.

위와 같이 흥륭와문화 질그릇은 각 유적마다 공통적으로 기종이 늘어나고, 안정감 있는 형태로 발전해 나간다. 하지만 유적이 위치한 지역별로 일정한 차이도 존재한다. 먼저 통형관 이외의 발형질그릇, 잔형질그릇류는 서랍목륜하 이남지역인 흥륭와와 사해유적에서 백음장한이나 남태자유적에서보다 더 많이 보인다. 이러한 특징은 흥륭와문화 2기, 3기의 질그릇특징에서 계속 나타난다.[131]

질그릇 표면의 색에서도 큰 차이가 난다. 먼저 서랍목륜하 이남지역의 흥륭와유적과 사해유적에서 보이는 초기의 질그릇은 홍갈색과 황갈색의 표면이 많이 보이는데, 흥륭와문화 2기, 3기로 갈수록 황갈색과 회갈색의 수량이 줄어들고 회갈색의 수량이 많아지는 현상이 보인다. 하지만 서랍목륜하 이북의 남태자유적과 백음장한유적의 질그릇은 회갈색 질그릇이 조금씩 보이긴 하지만 황갈색이 대다수이다. 이는 분명히 두 지역 간의 질그릇 소성방법이 달랐음을 보여주는 것이다. 또 위도의 차이로 인해 땔감으로 활용할 수 있는 교목류의 생장 차이도 생각해 볼 수 있다.

질그릇의 문양을 보면 흥륭와, 사해유적의 망격상횡대문(網格狀橫帶紋)은 백음장한과 남태자유적에서 보이지 않는다. 백음장한에서 발견된 비점압인문(篦点壓印)과 부가퇴문 상면에 시문된 구련파절문(勾連波折紋) 등은

---

131) 遼寧省文物考古研究所, 2012, 『査海-新石器時代聚落遺址發掘報告』上, 中, 下, 文物出版社, pp.674~683.

흥륭와와 사해유적에서 보이지 않는다.[132]

결론적으로 흥륭와, 사해, 백음장한, 남태자 유적의 질그릇들은 흥륭와
문화의 공통적인 질그릇 형식을 가지면서[133] 동시에 문양과 형태적인 측
면에서 지역적인 차이를 가지고 발전해 나갔음을 알 수 있다.

〈표 9〉흥륭와문화 통형관의 변화양상

구 분	입 술	구연의 형태	동체부	부가퇴문 (附加堆紋)
1기	원순	넓게 벌어짐	사복(斜腹)	매우 적음
2기	원순 or 좁은 이중구연	1기에 비해 덜 벌어짐	사직복(斜直腹) (경사가 덜해짐) 날씬하고 길어짐	구연 아래
3기		나팔형으로 크게 벌어짐	날씬하고 긴 나팔형	
4기	넓은 이중구연	나팔형의 비중이 줄어듬, 사직구(斜直口)가 많아짐	넓적하고 긴 직복(直腹)	이전보다 넓어짐

(2) 석기

석기는 신석기시대 사람들의 일상생활에 필수적인 도구였다. 그만큼 석
기의 수량, 종류, 석기재료, 기능, 가공수준 등은 한 문화의 당시 사회 생
산력과 기술수준을 반영한다고 할 수 있다. 흥륭와문화의 석기는 소하서
문화 시기의 석기에 비해 마제석기 비율이 증가했고, 그 종류 또한 매우
다양해졌다.

흥륭와문화에서는 타제석기와 마제석기, 탁제석기, 압제석기 모두 발견

---

132) 趙賓福, 2006, 「興隆窪文化的類型, 分期與聚落結構研究」, 『考古與文物』, 第1期, 陝西
省考古研究所, p.26.
133) 취락과 주거지, 질그릇 형식에서 매우 비슷하다.

되었는데, 타제석기가 가장 보편적으로 보인다. 그 중에서도 '丁'자형의 곰배괭이(鋤形器)와 장방형의 돌삽(鏟形器)이 많이 보이는데, 이것들은 기본적으로 땅을 파는데 사용된 것으로 알려져 있다. 곰배괭이는 좁은 자루부분과 넓은 날 부분으로 구성되어 있고 돌삽은 큰 굴곡 없이 길쭉한 형태이다. 특이한 것은 곰배괭이는 서랍목륜하 이남지역인 흥륭와유적과 사해유적에서 많이보이며, 돌삽은 서랍목륜하 이북지역인 백음장한유적과 남태자유적에서 많이 보여 주요 석기에서 지역적인 차이를 보인다.

마제석기로는 전체를 마연한 것과 일부만 마연한 것으로 나뉘는데, 대표적으로 돌도끼와 뚜르개 등이 있다. 돌도끼는 10cm정도의 크기로 큰 나무보다는 작은 나무를 찍는 데에 사용되었고, 이 외에 갈돌과 갈판, 그리고 다량의 좀돌날 등이 발견되었다.[134]

가. 흥륭와유적의 석기[135]

흥륭와유적에서 발견된 석기는 주로 주거지의 주거면에서 많이 발견되었다. 발견된 수량도 많으며, 타제, 마제, 탁제(琢制), 압제(壓制)의 4가지 제작법이 있다. 타제석기는 총 29점으로 가장 많은 수량이 발견되었으며, 다른 석기에 비해 길쭉한 형태를 가진다. 종류로는 곰배괭이, 돌삽, 칼, 찍개, 원반형석기 등이 있다. 칼의 수량이 14점으로 가장 많고, 그 다음이 곰배괭이로 총 7점 발견되었다. 곰배괭이는 앞서 언급한 것처럼 상대적으로 좁은 자루부분과 넓은 날 부분을 가지고 있다. 자루부분과 날 부분은 그

---

134) 곽대순(郭大順)·장성덕(張星德) 著·김정열 譯 2008, 『동북문화와 유연문명』, 동북아역사재단, pp.241~244.

135) 中國社會科學院考古研究所內蒙古工作隊, 1997, 「內蒙古敖漢旗興隆窪聚落遺址 1992年發掘簡報」, 『考古』第1期, 科學出版社, pp.14~18; 中國社會科學院考古研究所內蒙古工作隊, 1985, 「內蒙古敖漢旗興隆窪遺址發掘簡報」, 『考古』10期, 科學出版社, pp.4~6.

〈그림 103〉 곰배괭이(흥륭와)
(中國社會科學院考古研究所內蒙古工作隊, 1997)

〈그림 104〉 돌도끼(흥륭와)
(中國社會科學院考古研究
所內蒙古工作隊, 1997)

〈그림 105〉 돌칼(흥륭와)
(中國社會科學院考古研究所內蒙古工作隊, 1997)

형태가 다양한데, 날은 단인(單刃)과 양인(兩刃)이 있으며, 그 형태도 넓적한 것과 좁은 것이 있다. 이는 같은 곰배괭이일지라도 그 쓰임새는 달랐음을 알 수 있다. 돌삽은 1점 발견되었는데, 흥륭와, 사해유적에서 보다 백음장한, 남태자유적에서 많이 보이는 형식의 석기이다.

마제석기는 16점 발견되었다. 주로 도끼[斧], 뚜르개[鑿], 숫돌(磨石), 저석(抵石), 석관(石管) 등이 있다. 탁제석기는 10점이 발견되었다. 주로 갈돌과 갈판인데, 주거지에서 많이 출토되었다. 압제석기로는 좀돌날들이 많다. 이 좀돌날은 다른 도구에 끼워 박아 사용하였는데, 주거지에서 출토되기도 하였고, 무덤의 피장자 주위에서 발견되기도 하였다.

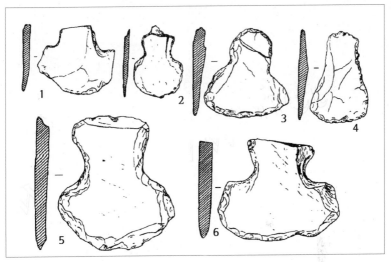

〈그림 106〉 곰배괭이와 돌삽(흥륭와) 1, 2, 3, 5, 6.곰배괭이, 4.돌삽
(中國社會科學院考古硏究所內蒙古工作隊, 1997에서 재편집)

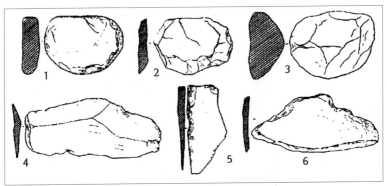

〈그림 107〉 각종 타제석기(흥륭와) 1.원반형석기, 2, 3.찍개, 4, 5, 6.돌칼
(中國社會科學院考古硏究所內蒙古工作隊, 1997에서 재편집)

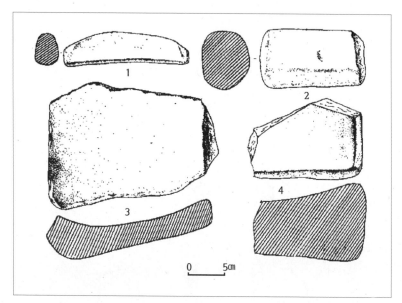

〈그림 108〉 갈돌과 갈판(흥륭와) 1,2.갈돌, 3,4.갈판
(中國社會科學院考古硏究所內蒙古工作隊, 1997에서 재편집)

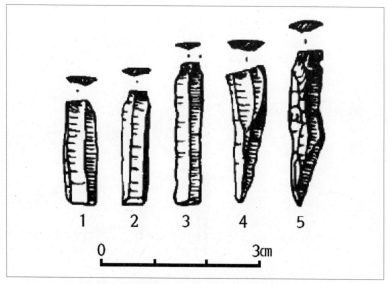

〈그림 109〉 좀돌날(흥륭와)(中國社會科學院考古硏究所內蒙古工作隊, 1997에서 재편집)

나. 사해유적의 석기[136]

사해유적에서 출토된 석기는 2,411점으로 매우 많은데, 대부분이 주거지 내에서 발견되었다. 각 주거지에서 출토된 석기의 수량과 종류는 다르지만 기본적으로 갖추고 있는 조합상은 일정하다. 그 종류로는 곰배괭이, 삽, 도끼, 뚜르개, 칼, 갈돌, 갈판, 숫돌, 찍개, 홈돌, 어망추, 좀돌, 석환(石環), 조형기(條形器) 등이 있다.

〈그림 110〉 곰배괭이(사해)(遼寧省文物考古研究所, 2012)

가장 많이 발견된 기종은 찍개로 562점이 발견되었다. 이는 문자 그대로 타격도구이다. 또 곰배괭이와 돌삽이 349점으로 많은 수를 차지한다.[137] 그 형태

〈그림 111〉 갈돌과 갈판(사해)
(遼寧省文物考古研究所, 2012)

---

136) 遼寧省文物考古研究所, 1994, 「遼寧阜新縣査海遺址 1987~1990年三次發掘」, 『文物』第11期. 文物出版社, pp.9~12; 遼寧省文物考古研究所, 2012, 『査海-新石器時代聚落遺址發掘報告』上, 中, 下, 文物出版社.

137) 사해유적 발굴보고서에는 곰배괭이와 돌삽을 구분하지 않고 돌삽(鏟形器)으로 통칭하면서 그 형태에 따라 A~F형으로 분류하였는데, 실제 그 형태를 살펴보면 흥륭와유적 간보 및 백음장한유적 발굴보고서에서 곰배괭이로 분류한 석기가 대다수이고, 돌삽으로 분류한 기종은 많지 않다 ; 遼寧省文物考古研究所, 2012, 『査海-新石器時代聚落遺址發掘報告』上, 中, 下, 文物出版社.

는 매우 다양한데, 표면상에 인위적으로 구멍을 뚫은 것도 있다. 좀돌날은 275점 출토되었다. 종류로는 좀돌날몸돌(石核), 좀돌날, 긁개[刮削器], 화살촉[石鏃] 등이 있다. 이 중 긁개가 139점으로 가장 많이 발견되었다.

〈그림 112〉 숫돌과 좀돌날(遼寧省文物考古研究所, 2012)

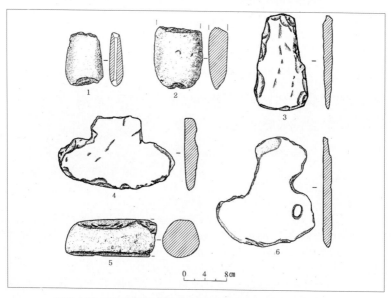

〈그림 113〉 각종 석기(사해)(遼寧省文物考古研究所, 2012에서 재편집)
1,2.돌도끼, 3.돌삽, 4,6.곰배괭이, 5.갈돌

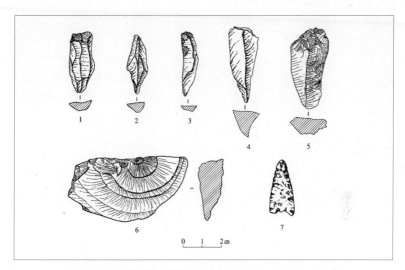

〈그림 114〉 사해유적 좀돌(遼寧省文物考古硏究所, 2012에서 재편집)
1~5.좀돌날, 6.긁개, 7.화살촉

다. 백음장한유적의 석기[138)]

백음장한유적의 흥륭와문화는 백음장한 2기 갑류 유적과 백음장한 2기
을류 유적으로 구분된다. 백음장한 2기 갑류 유적은 흥륭와문화 2기 유적
이며, 백음장한 2기 을류 유적은 흥륭와문화 4기 유적으로 그 시기에 있어
차이가 있다.

먼저 백음장한 2기 갑류의 석기는 갈판 1점과 돌통형관[石筒形罐] 1점
만이 발견되었다. 갈판은 주거지에서, 돌통형관은 무덤에서 발견되었다.

백음장한 2기 을류 유적에서 발견된 석기는 약 350점으로 2기 갑류에
비해 매우 많이 발견되었다. 시기가 늦은 만큼 마제석기가 많이 발견되었

---

138) 索秀芬·郭治中, 2003, 「白音長汗遺址興隆窪文化一期遺存及相關問題」, 『邊疆考古研究』
第3期, 吉林大學邊疆考古研究中心, p.2; 內蒙古自治區文物考古研究所, 2004, 『白音長
汗』上, 科學出版社; 郭治中·包靑川·索秀芬, 1991, 「林西縣白音長汗遺址發掘述要」, 『內
蒙古東部區考古學文化研究文集』, 海洋出版社, pp.15~23.

〈그림 115〉 돌삽(백음장한)(內蒙古自治區文物考古硏究所, 2004)

〈그림 116〉 돌칼(좌)와 돌도끼(우) (백음장한)(內蒙古自治區文物考古硏究所, 2004)

다. 그 다음이 탁제석기, 타제석기 순이며, 압제석기도 보인다. 석기 종류
로는 칼, 돌삽, 도끼, 절구[臼], 공이[杵], 갈돌, 갈판, 병형기(餠形器), 뚜르
개, 자귀[鑇], 숫돌[磨石], 천공기(穿孔器), 가락바퀴, 곰배괭이, 잔[杯], 관
(罐), 찍개, 소석봉(小石棒), 어망추, 탄환(彈丸), 좀돌날, 석관(石管), 긁개[刮
削器], 좀돌날몸돌, 사람조각상[石彫人], 와형조각품[石蛙形器], 곰 조각상
[石彫熊], 송곳[錐], 인면장식품(人面裝飾品), 석주(石珠), 소라문 장식품[螺
紋裝飾品], 팔찌 등이 있다. 돌통형관과 돌잔은 생활도구이고, 칼, 삽, 도
끼, 구, 공이, 갈돌, 갈판, 병형기, 뚜르개, 자귀, 숫돌, 가락바퀴, 송곳, 곰
배괭이, 찍개, 천공기, 소석봉, 어망추, 탄환, 석편, 좀돌날, 긁개, 좀돌날몸

〈그림 117〉 인면장식품(백음장한)(內蒙古自治區文物考古硏究所, 2004)

돌 등은 생산공구이다.

　돌삽은 70점으로 매우 많은 수량이
출토되었는데, 2기 을류 유적에서 출
토된 석기 중 가장 많은 수를 차지한다.
대다수 양면에 날을 가지고 있지만, 한
쪽에만 날이 있는 것도 있다. 날은 날카
롭지 않고 둔한 편이다. 날에는 가로선
의 사용 흔적이 보인다. 돌삽이 70점이
나 발견된 것과 대조적으로 곰배괭이는
1기만이 발견되었다.

〈그림 118〉 곰 조각상
(內蒙古自治區文物考古硏究所, 2004)

　사람조각상, 비석형 조각품, 소라형
조각품은 주거지에서 발견되었고, 곰 조각상은 무덤에서 발견되었다. 특
히 사람조각상은 주거지 내부 화덕시설 주변에 세워진 채로 발견되었다.
이는 홍산문화 흥륭구유적에서 발견된 사람 소조상이 발견된 상황과 비슷한 것이었다.

백음장한유적에서 출토된 석기의 종류는 흥륭와문화 유적 중 가장 많으며, 타제, 마제, 탁제석기가 모두 있고, 형태도 다양하다.

〈그림 119〉 돌잔[石杯]과 돌통형관(內蒙古自治區文物考古硏究所, 2004)

돌통형관은 석기가 가장 적게 출토된 흥륭와문화 2기유적인 백음장한 2기 갑류유적에서도 보이는 기종으로 주목할 필요가 있다. 기본적인 형태는 비슷하지만 백음장한 2기 갑류유적에서 발견된 것이 크기가 더 크다. 이 돌통형관은 남태자유적에서도 보이는 것으로 서랍목륜하 이남의 흥륭와문화 지역에서는 보이지 않는 서랍목륜하 이북지역만의 특징적인 기종이라고 할 수 있다.

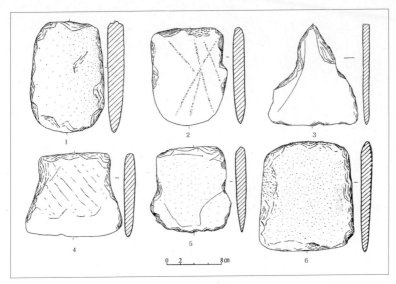

〈그림 120〉 백음장한유적 돌삽과 곰배괭이(內蒙古自治區文物考古硏究所, 2004에서 재편집)
1, 2, 4, 5, 6.돌삽, 3.곰배괭이

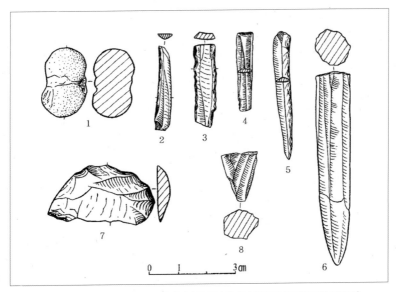

〈그림 121〉 백음장한유적 좀돌(內蒙古自治區文物考古硏究所, 2004에서 재편집)
1.어망추, 2, 3, 4, 5.좀돌날, 6, 8.좀돌날몸돌, 7.긁개

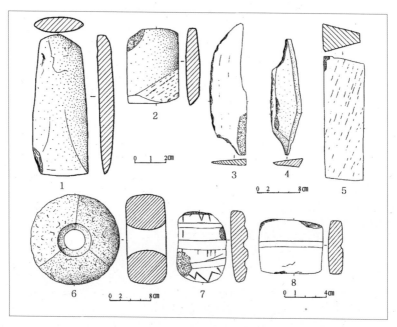

〈그림 122〉 백음장한유적 각종 석기 1(內蒙古自治區文物考古硏究所, 2004에서 재편집)
1,2.뚜르개, 3,4.돌칼, 5,7,8.숫돌, 6.천공석기

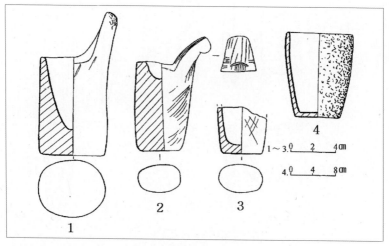

〈그림 123〉 백음장한유적 돌잔과 돌통형관(內蒙古自治區文物考古硏究所, 2004에서 재편집)
1~3.돌잔, 4.돌통형관

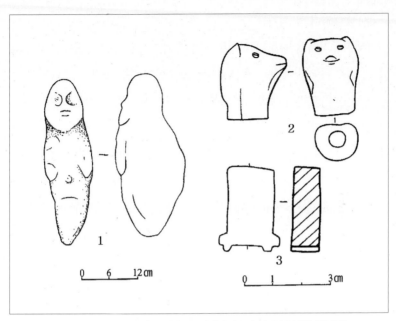

〈그림 124〉 석제조각품(內蒙古自治區文物考古硏究所, 2004에서 재편집)
1.사람조각상, 2.곰 조각상, 3.비석형조각상

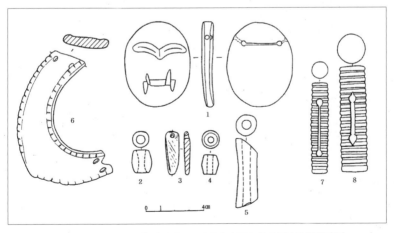

〈그림 125〉 석제장식품(內蒙古自治區文物考古硏究所, 2004에서 재편집)
1.인면장식품, 2, 4.석주(石珠), 3.석제장식, 5.석관(石管), 6.석제팔찌, 7, 8.소라문장식품

라. 남태자유적 석기[139]

남태자유적에서 출토된 석기는 대부분 주거지의 주거면상에서 출토되었다. 일부 주거지에서는 석기제작에 필요한 석재료들과 미완성된 석기들도 보인다. 석기의 종류로는 돌통형관, 도끼, 칼, 돌삽, 갈돌, 갈판, 공이, 병형기, 자귀, 뚜르개, 석제장식품, 좀돌날, 좀돌날몸돌 등이다. 백음장한 유적과 같이 돌삽이 특징적인 석기로 많이 발견되었는데, 71점으로 남태자유적에서 가장 많이 발견된다. 또 서랍목륜하 이북지역의 특징적인 석기로 돌통형관을 들 수 있는데, 이것 또한 발견되었다. 석기제작법은 타제, 마제 그리고 두 수법이 같이 쓰인 것이 많이 보인다. 이 밖에 탁제, 압제 등이 있다.

위에서 살펴본 흥륭와문화의 석기는 타제석기, 마제석기, 탁제석기, 압제석기의 4종류이다. 흥륭와문화의 대표 유적마다 공통적으로 땅을 파는 도구들을 위주로 발견되었고, 돌칼, 돌도끼, 좀돌날, 가락바퀴 등이 발견되었다.

하지만 서랍목륜하 이남지역의 흥륭와, 사해유적과 서랍목륜하 이북지역의 백음장한, 남태자유적간 석기에는 일정한 차이가 존재한다. 흥륭와, 사해유적에서는 곰배괭이가 많이 발견되고, 서랍목륜하 이북지역의 백음장한, 남태자유적에서는 돌삽이 많이 발견되는 것이다. 곰배괭이와 돌삽은 기본적인 생산공구로 이남지역에서 돌삽이, 이북지역에서 곰배괭이가 발견되지 않는 것은 아니지만, 그 수량이 눈에 띄게 적다. 이러한 지역적

---

139) 內蒙古文物考古硏究所, 1997,「克什克騰旗南台子遺址」,『內蒙古文物考古文集』第二集, 中國大百科全書出版社, pp.67~70; 內蒙古文物考古硏究所, 1994,「克什克騰旗南台子遺址發掘簡報」,『內蒙古文物考古文集』第一集, 中國大百科全書出版社, p.90; 連吉林, 2007,「試論南台子類型」,『內蒙古文物考古』, 內蒙古文物考古硏究所, pp.29~37.

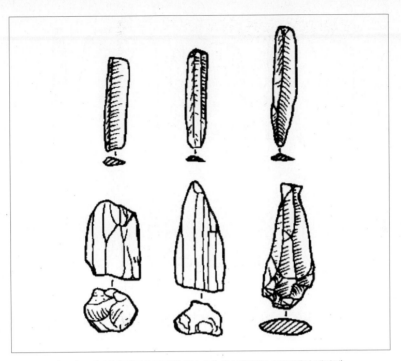

〈그림 126〉 남태자유적 좀돌(內蒙古文物考古硏究所, 1997에서 재편집)

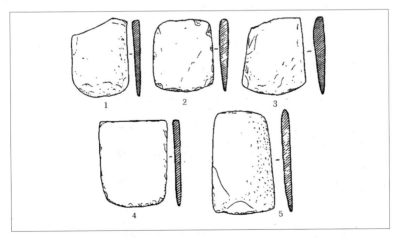

〈그림 127〉 남태자유적 돌삽, 1~5.돌삽(內蒙古文物考古硏究所, 1997에서 재편집)

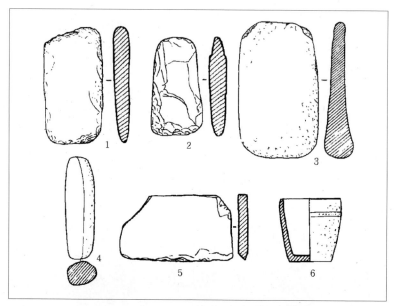

〈그림 128〉 남태자유적 각종 석기 1(内蒙古文物考古研究所, 1997에서 재편집)
1.돌삽, 2.돌도끼, 3.갈판, 4.갈돌, 5.돌칼, 6.돌통형관

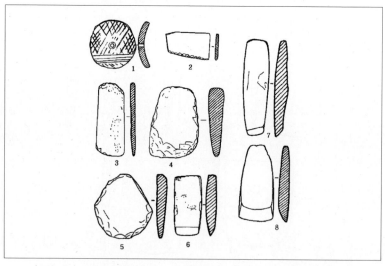

〈그림 129〉 남태자유적 각종 석기 2(内蒙古文物考古研究所, 1994에서 재편집)
1.어망추, 2.돌칼, 3,4.돌도끼, 5.병형기, 6,7,8.자귀

차이는 석기의 기능과 각 유적이 위치한 입지와 무관하지 않을 것이다. 곰배괭이와 돌삽은 둘다 땅을 파는데 쓰인 공구이며, 유적에서 상당한 비중을 차지하는 중심 공구이다. 곰배괭이가 흥륭와, 사해유적이 위치한 토질에 사용하기에 더 적합한 형태이고, 돌삽이 백음장한, 남태자유적이 입지한 토질에 사용하기에 더 적합한 형태일 것이다.

추가적으로 서랍목륜하 이남지역에서는 이북지역에서 보이는 돌통형관이 보이지 않는다. 이 돌통형관의 유무를 시대적 차이로 볼 수도 있다. 하지만 흥륭와문화 2기인 남태자유적, 백음장한 2기 갑류 유적과 흥륭와문화 4기인 백음장한 2기 을류 유적에서 모두 돌통형관이 발견되며, 흥륭와문화 2기인 흥륭와, 사해유적에서는 돌통형관이 발견되지 않는다. 백음장한과 남태자유적에서는 앞서 언급한 것처럼 주거지 내 화덕시설과 무덤에도 돌을 가공하여 시설을 만들었다. 이러한 점들을 봤을 때 돌통형관은 돌을 다루는 것이 익숙했던 백음장한유적과 남태자유적 사람들의 특징 유물이라고 할 수 있다.

(3) 옥기

흥륭와문화의 옥기는 동아시아에서 발견된 가장 이른 시기의 것으로, 이 후 조보구문화, 그리고 가장 옥기문화가 번성하는 홍산문화에도 영향을 끼쳤다. 옥기를 영위한 문화권과 관련하여 그 기원문제는 북방기원설, 강남기원설 등이 있는데, 중국, 일본, 홍콩 등의 학자들에 의하여 흥륭와문화가 그 기원지라는데 의견이 모아지고 있다.[140]

흥륭와문화의 옥기는 흥륭와유적, 사해유적, 백음장한유적 등에서 발견되었다. 옥기 제작에 쓰인 옥의 색은 담녹색, 황록색, 유백색 혹은 옅은 백

---

140) 이상균, 2012, 『선사&역사고고학』, 전주대학교출판부, pp.48~49.

〈그림 130〉 사해유적 출토 옥부(좌)와 옥비(우)(遼寧省文物考古硏究所, 2012)

색이다. 발견된 옥기는 옥결이 가장 많다. 옥결은 귀걸이 장식이라고 추정되는데, 무덤에서 출토된 옥결의 구체적 출토위치가 피장자의 양쪽 귀 혹은 두개골 주변이었기 때문에 그 용도를 귀걸이로 추정한 것이다. 그 외에 비형기(匕形器)는 신체에 착용하거나 옷에 부착하는 장식이었을 것이고, 관(管)은 목걸이 장식이다. 각 유적에서 출토된 옥기의 특징을 살펴보면 다음과 같다.

흥륭와유적에서 발견된 옥기는 많지 않은데, 모두 소형유물이다. 주로 실내무덤에서 출토되었고, 옥결이 2점으로 가장 많이 출토되었다. 그 외에 옥비(玉匕), 도끼[斧], 자귀[錛] 등이 있다. 옥결의 외경은 3㎝ 내외이고, 두께는 0.5㎝정도이다. 색깔은 황록색이다. 옥결은 모두 F176 내부의 무덤인 M117에서 발견되었는데, F176은 흥륭와문화 3기에 해당된다.

사해유적에서 발견된 옥기는 총 44점이다. 옥부(玉斧) 7점, 옥뚜르개[玉鑿] 7점, 옥결(玉玦) 7점, 옥비(玉匕) 13점, 옥관(玉管) 6점, 소옥환(小玉環) 1점, 옥재료(玉料) 1점. 옥기 잔편 2점이다. 옥부 2기가 발굴트렌치 및 지표수습, 5기가 주거지에서 출토되었고, 옥뚜르개는 1기가 발굴트렌치, 2기가 지표수습, 4기가 주거지에서 출토되었다. 옥결은 4기가 발굴트렌치에서, 3기가 주거지 내 무덤에서 발견되었다. 옥관은 대부분 주거지에서 발견되었고, 옥비는 무덤과 주거지에서 골고루 발견되었다.

그 중 옥결과 옥비는 모두 실내무덤에서 발견되는데, 실내무덤 이외의
취락중앙에 위치한 무덤에서는 발견되지 않았다. 옥기의 색은 유백색(乳白
色), 옅은 녹색, 옅은 황색의 3종이다. 그 중 유백색의 옥기가 가장 많은데,
옥결은 모두 유백색 옥으로 제작되었다. 그리고 옅은 녹색, 옅은 황색은
옥비, 옥관, 소옥환 등이 있다. 옥결은 흥륭와문화 2기에서만 보이며, 옥관
옥비, 옥부 등은 흥륭와문화 2기와 3기에서 모두 나타난다.

<표 10> 흥륭와문화 유적별 옥결비교

3기 (흥륭와유적)	2기 (사해유적)		4기 (백음장한유적)

백음장한유적에서 발견된 옥기는 총 7점이다. 종류는 많지 않은데, 옥결, 옥관, 옥매미의 세 종류이다. 표면을 매끄럽게 마연하였고 모두 녹색이다. 무덤 중에서만 발견된다. 옥관이 4점, 옥결이 2점, 옥매미가 1점 발견되었다.

남태자유적에서는 옥기가 발견되지 않았다.

옥기가 발견된 유적에서는 공통적으로 옥결이 발견되었는데, 이 옥결은 대부분 무덤에서 발견된 것이 특징이다. 백음장한유적에서는 사해유적보다 늦은 단계임에도 불구하고 발견된 옥기의 수량은 사해유적에 비해 많지 않다. 하지만 옥제품보다 석제품에 있어서 더 다양한 장식과 조각 등이 발견된 것이 특징이다.

(4) 뼈도구[骨器]와 조개도구[蚌器]

뼈도구가 출토된 유적은 흥륭와유적, 백음장한유적, 남태자유적 등이며 사해유적에서는 발견되지 않았다.[141] 흥륭와문화의 뼈도구는 모두 동물의 뼈를 갈아 세밀하게 제작되었다. 대체로 어로도구 및 생활공구로 사용되었으며 당시 사용된 공구류 중에 그 비중이 매우 컸다. 종류로는 송곳[錐], 뚜르개, 비(匕), 낚시도구 등이 있다.

〈그림131〉흥륭와문화의 뼈바늘과 어로도구
(中國社會科學院考古硏究所內蒙古工作隊, 1997)

특히 골제 작살은 정밀하게 가공되어있어 흥륭와문화 사람들의 생업에 어

---

141) 사해유적 발굴보고서에서는 출토된 동물의 뼈가 보이긴 하지만, 뼈도구와 조개도구는 보이지 않는다.

로활동이 매우 중요했음을 보여준다.

흥륭와문화의 조개도구가 출토된 곳은 흥륭와유적, 백음장한유적, 남태
자유적 등이며 사해유적에서는 발견되지 않았다. 흥륭와유적에서 3점, 백
음장한 2기, 을류유적에서 222점이 발견되었다. 남태자유적에서 8점이
발견되었다. 발견된 것들은 대체로 장신구, 인면장식류, 팔찌류, 공구류의
네 종이다.

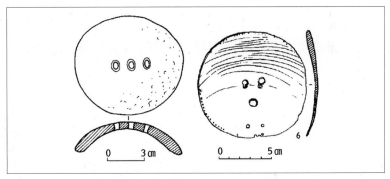

〈그림 132〉 흥륭와문화 조개도구(內蒙古自治區文物考古硏究所, 2004에서 재편집)
1.남태자유적 조개도구, 2.흥륭와유적 조개도구

흥륭와문화에서 발견된 조개도구 중 생산공구의 발견수량은 매우 적고
종류도 다양하지 않다. 그에 비해 황하유역의 조개도구 생산공구는 발견
된 수량도 많고, 종류 또한 다양해 두 지역이 명확하게 비교된다. 그러나
흥륭와문화에서 발견되는 인면방식, 팔찌와 목걸이 장신구, 아요형(亞腰
形) 조개장식 등은 황하유역과 그 주변지역에서 매우 드물게 보인다.

인면방식이 발견된 것은 흥륭와문화 시기에 종교 숭배행위가 있었을 것
으로 추측해 볼 수 있다. 중국 학자인 진국경과 장대붕은 부적이나 조상숭
배를 위한 물건일 가능성이 크다고 하였다.[142] 이러한 가능성은 백음장한

---

142) 陳國慶·張大鵬, 2012, 「芻議興隆窪文化蚌器」, 『北方文物』 3輯, 北方文物雜志社, pp.8~11.

유적에서 출토된 사람형태의 석조상과 곰 형태의 석조상이 그 근거를 더 해준다.

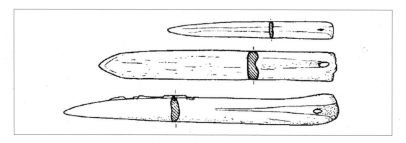

〈그림 133〉 남태자유적 뼈바늘(內蒙古文物考古硏究所, 1994)

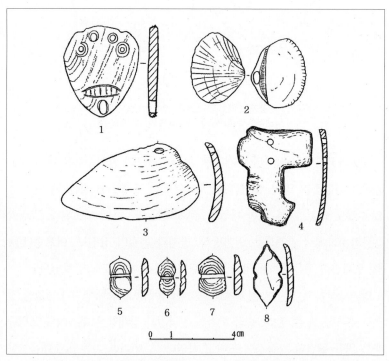

〈그림 134〉 백음장한유적 조개도구(內蒙古自治區文物考古硏究所, 2004에서 재편집)
1. 인면조개장식 2, 3, 4.조개장식, 2, 5, 6, 7, 8.아요형(亞腰形) 조개장식

Ⅲ장
흉릉와문화의
특징과 지역적 차이

지금까지 소하서문화와 흥륭와문화의 전반적인 양상에 대해서 살펴보았다. 소하서문화의 유적은 지표조사된 수에 비해 발굴된 유적 수가 매우 적고, 발굴이 되었더라고 제대로된 보고서나 간보가 발간되지 않은 상태이다. 간보가 발간된 유적의 경우도 발굴의 전체적인 내용을 포함하고 있지 않아 소하서문화가 흥륭와문화와 구별되는 독창적인 문화라고 명명하기 힘든 것이 현실이다. 또 연대측정도 제대로 이루어지지 않아 소하서문화 유적들이 정말로 B.C.6200년 이상의 연대를 가지는지 확인되지 않았다. 그렇기 때문에 이번 장에서는 소하서문화 보다는 흥륭와문화를 중심으로 취락, 무덤, 화덕시설, 유물 등의 특징과 지역별 차이를 정리해 보았다.[143]

---

143) 박진호, 2015b, 「흥륭와문화의 특징과 지역적 차이에 대한 검토」, 『고조선학보』, 고조선사학회, pp.47~70.

1. 취락의 특징과 지역적 차이

1) 흥륭와문화 취락의 특징

흥륭와문화에서 가장 먼저 눈에 띄는 특징은 큰 원형 환호를 두른 취락이라고 할 수 있는데, 위에서 살펴본 흥륭와유적, 사해유적, 백음장한유적에서 환호취락이 발견된다. 남태자유적에서는 환호가 발견되지 않았지만 주거지 배치가 가지런한 열을 형성한 점, 구제발굴로 발굴면적이 적고 주변지역이 완전히 발굴된 것이 아닌 점 등을 들어 환호가 존재했을 가능성은 충분하다. 흥륭와유적과 사해유적에는 하나의 환호가 하나의 취락을 두른 형태이며, 백음장한유적의 환호는 모두 2개가 있는데, 2개의 취락을 각각의 구역으로 구분한다. 흥륭와 취락유적에는 160여기, 사해 취락유적에서는 55기, 백음장한 취락유적에서는 56기의 주거지가 발견되었다.

흥륭와문화의 취락유적은 자연적으로 시간의 흐름에 따라 형성된 촌락이기 보다는 계획에 의해 형성된 집단 주거지일 가능성이 크다. 이는 몇몇의 가족 집단이 수십 년에 걸쳐서 취락의 크기를 넓혀 갔다기보다, 몇몇의 혈연 집단이 이 지역에 공동의 생활장소를 정하고 비교적 한꺼번에 주거지를 형성하였을 것으로 보인다. 이에 대해 중국의 고고학자인 장광직(張光直) 또한 취락 내의 주거지 분포가 혈연관계와 높은 관계가 있다고 지적하기도 하였다.[144]

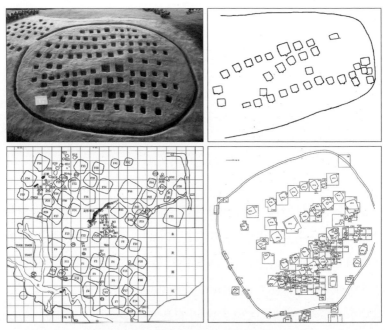

〈그림 135〉 흥륭와문화 유적별 주거지 분포도
흥륭와유적(좌상), 남태자유적(우상), 사해유적(좌하), 백음장한유적(우하)

이는 세 취락의 주거지 크기 및 배치가 일정한 규칙성을 가지기 때문이다. 실내면적은 일반적으로 각 주거지마다 30~70㎡인데, 가장 큰 주거지

---

144) Chang Kwang-chih, 1958, "Study of the Neolithic social grouping : Examples from the New World", American Anthropologist 60, pp.298~334; 李新偉, 2008, 「地理信息系統支持的興隆窪文化手工業生産專業化研究」, 『考古』第6期, pp.58~68.

가 취락의 중앙에 위치하며 100㎡가 넘는다. 이 주거지 주위로 상대적으로 작은 주거지들이 배치되어 있다. 또 주거지의 배치는 가지런히 열을지어 배열되어 있고, 일정한 방향성을 가지고 있어 출입시설이 같은 방향으로 나있다. 시간이 지나 초기에 형성된 주거지들이 나중에 형성된 주거지들에 의해 파괴되고 재생성되기도 하는데, 주거지의 배열방식은 기본적으로 초기와 많이 달라지지는 않는다. 하지만 주거지의 간격은 더 좁아진다.

흥륭와유적의 주거지들을 보면 늦은 시기의 주거지들이 원래 형성되었던 배치를 벗어나는 양상을 보인다. 이 늦은 시기의 주거지는 취락의 서북부에 주로 위치해 있는데, 다수가 환호유구 G1의 외부에 있고, G1의 내부에 있는 것은 수량도 적다. 또 초기 주거지를 파괴하고 형성된 것도 있다. 어떤 것은 G1 유구가 폐기된 자리 위에 바로 주거지를 형성하기도 하였다. 이는 늦은 시기가 되면 환호의 역할이 처음에 비해 큰 비중을 차지하지 않았다는 것을 알 수 있다. 앞의 두 시기와 비교하자면 주거지는 밀집되어 있고, 배열은 가지런하지 못하며, 실내면적은 더욱 작아지는데, 일반적으로 15~30㎡이다. 흥륭와유적이 완전히 발굴된 것은 아니기 때문에, 종합적인 형태와 구조는 완전히 알수 없지만 이미 발굴된 주거지 수에서 볼 때, 그 규모는 상당하다고 할 수 있다.

상술한 네 곳의 흥륭와문화 취락유적의 주거지배치는 하나의 공통된 원칙을 가지고 있다. 주거지 수량이 많고 적음을 막론하고, 또 유적이 위치한 지리환경이 어떠하든, 주거지의 배치는 모두 가지런하게 열을 지어 분포한다. 이는 흥륭와문화 취락지만의 특징적인 형태이다. 이곳과 중원지역에서 발견된 앙소문화 조기의 "취심분포(聚心分布)"[145] 형식과는 매우 다

---

145) 취심분포라는 것은 취락의중심을 광장으로 비워두고 그 주변을 주거지들이 둘러싼 형태를 말한다.

른 것이다.[146]

2) 흥륭와문화 취락의 지역적 차이

흥륭와문화의 각 유적별 취락에는 일정한 차이점도 존재한다. 먼저 사해유적 취락의 주거지 배치는 흥륭와문화 취락과 비교했을 때 더욱 조밀하게 밀집해있다. 열과 열 사이의 경계가 불분명해진 것도 있으며, 가장 큰 1기의 주거지는 취락 중심부에서 약간 북쪽으로 치우쳐져 있다. 대신 취락 중심부에는 흥륭와유적에는 없는 "석룡(石龍)"을 만들었는데, 이 석룡의 길이는 19.7m로 매우 많은 수의 잔돌들을 깔아서 만들었다. 그 남쪽에는 무덤과 제사갱이 있다. 오직 사해유적에서만 보이는 특징이라고 할 수 있다.

백음장한유적의 취락은 흥륭와, 사해, 남태자 유적의 취락과 달리 두 구역으로 나뉜다. 두 구역의 둘레에는 각각의 환호를 가지며, 주거지의 배열은 가지런한 편이다. 주거지 내부를 보면 출입시설의 유무에서 차이가 난다. 흥륭와유적과 사해유적의 주거지에서는 출입시설라고 생각될만한 확실한 형태가 발견되지 않았으며, 백음장한유적과 남태자유적의 주거지에서는 한쪽 벽면 중앙에서 돌출된 출입시설이 형성되어 있다.

또 백음장한유적과 남태자유적은 다른 유적과는 달리 주거지 내부 퇴적이 거의 단일하며 재사용 흔적이 거의 없다. 화덕시설의 불탄 흙 또한 여러 층이 형성된 곳이 거의 없고, 저장구덩이도 다른 유적에 비해 많이 발견되지 않았다. 이는 유적의 사용시간이 길지 않다는 것을 말하는 것으로

---

146) 趙賓福, 2006,「興隆窪文化的類型,分期與聚落結構硏究」,『考古與文物』, 第1期, 陝西省 考古硏究所, p.29.

서랍목륜하 이북지역에 유적이 위치한 것과 관련이 있을 것으로 보인다. 현재에도 적봉지역은 서랍목륜하를 기점으로 그 자연환경이 매우 달라지는데, 그 북쪽은 남쪽에 비해 더 척박하다. 서랍목륜하 남쪽의 흥륭와유적과 사해유적이 새로운 특징들이 나타나는 여러 시기로 구분되는 것과는 달리 백음장한유적과 남태자유적에서는 그 흐름이 연속적이지 않다.[147] 당시에도 서랍목륜하 이북지역에서는 기온이 좋고 나쁨에 따라 생활 상황이 매우 달라졌을 것으로 생각되며, 이러한 이유 때문에 백음장한유적과 남태자유적의 사용시간이 길지 않았던 것이다.

---

147) 남태자유적은 흥륭와문화 2기 유구만 존재하고, 백음장한유적은 흥륭와문화 2기와 4기의 유구들만 존재한다.

2. 실내무덤과 지역별 무덤의 차이

1) 흥륭와문화 무덤의 지역적 차이

흥륭와문화의 대표적 무덤으로 알려져 있는 실내무덤이 모든 유적에서 존재하는 것은 아니다. 오히려 지역적 특색이라고 할 수 있는데, 서랍목륜하 이남지역의 흥륭와, 사해유적에서 많이 발견되고 서랍목륜하 이북지역의 백음장한, 남태자유적에서는 발견되지 않는다.

흥륭와문화의 무덤양식은 모두 네 종류가 발견되는데, 실내무덤과 주거지 외부의 움무덤은 주로 흥륭와, 사해유적에서 발견되고, 돌널무덤, 돌무지무덤과 같은 돌을 사용한 무덤은 백음장한유적에서만 보이는 형식이다. 남태자유적에서는 무덤이 발견되지 않았는데, 발견된 33기의 주거지에서 모두 실내무덤이 발견되지 않았다. 이는 취락 구역만 발굴되었기 때문에, 무덤 구역이 새로 발견될 가능성이 있다. 다시 말하면 흥륭와, 사해유적에서는 실내무덤이든 실외묘든 모두 움무덤이며, 백음장한유적은 실내무덤은 보이지 않고, 돌을 써서 만든 무덤이 대부분이다.

무덤을 쓰는 구역 또한 차이가 난다. 흥륭와유적은 실내무덤 이외에는 거의 발견되지 않았으며, 사해유적에서는 실내무덤 이외에 취락 중심에 무덤구역과 제사갱, 용형 숭배물이 위치하고 있다. 이에 반해 백음장한유적은 두 곳의 취락 유적이 따로 무덤구역을 가지고 있는데, 취락유적 능선을 따라 산 정상부에 위치한다. 이러한 점들은 분명한 지역적 차이라고 할 수 있는데 특히 서랍목륜하 이북과 이남의 유적이 차이가 심한 것이다.

2) 실내무덤과 종교행위

실내무덤은 소하서문화와 흥륭와문화 묘장에서 빼놓을 수 없는 특징적인 매장법이라고 할 수 있다. 소하서문화에서는 총 5기의 무덤이 발견되었는데, 모두 유수산·서량유적에서 발견된 것이다. 5기의 무덤 중 실내무덤은 2기이다. 2기는 각각 펴묻기와 굽혀묻기를 사용하여 매장방식에서 차이를 보인다.

흥륭와문화유적을 살펴보면 실내무덤은 더욱 보편적으로 발견된다. 흥륭와유적에서 30여기 사해유적에서 6기가 발견된다. 실내무덤은 각각 다른 주거지 내에 있는데, 기본형태는 장방형의 움무덤으로 모두 같다. 묘혈의 한쪽 벽은 주거지 벽과 인접하는데, 주거지의 벽과 기본적으로 평행하고 있다. 일부 실내무덤에서는 매장 후 주거지 바닥을 단단히 다졌고, 거주면과 높이를 맞춰 이후에도 그곳에서 생활할 수 있도록 만들었다. 일부에서는 실내무덤이 만들어진 후 실내무덤 부분의 주거지 바닥을 다지지 않은 것이 있는데, 이 주거지가 생활용도로 사용되지 않고 그대로 무덤시설로 이용되었던 것이다.

〈그림 136〉 흥륭와 F180내 실내무덤 M118
(中國社會科學院考古研究所內蒙古工作隊, 1997)

실내무덤 중 가장 특징적이
라고 할 수 있는 곳은 흥륭와유
적 F180 주거지 내의 M118이
다. 무덤 내부에서 출토된 부장
품도 풍부하고 피장자 옆에는 두
개체의 돼지뼈가 있는데, 하나는
암컷이고 하나는 수컷이다. 모두
바르게 누워서 묻혀있다. 이것은

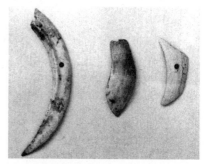

〈그림 137〉 M118 출토, 돼지 치아 장식
(中國社會科學院考古研究所內蒙古工作隊, 1997)

돼지가 제사에 매우 중요한 제품(祭品)이었음을 보여주는 셋으로 흥륭와
문화의 주거지 및 무덤에서 돼지 뼈가 일반적으로 출토된 것과 관련하여
한 가지 사실을 추측해 볼 수 있다.

흥륭와문화에서 보이는 돼지뼈가 비교적 야생성을 가진 돼지의 뼈이
기는 하지만, 주거지에서 돼지뼈가 많이 출토된 점, 일정한 우리(圈)영역
을 가지는 주거지가 있는 점 등을 들어서 돼지의 사육 가능성을 추측해 볼
수 있는 것이다. 돼지는 일반적으로 사람과 먹거리가 비슷한 잡식성 동물

인데, 이러한 이유로 돼지 사육은 일정한 농업수준의 형성을 전제로 한다. 하지만 각 유적에서 발견된 공구들이 농기구라고 확신할 수 없으며 곡물류의 흔적도 거의 보이지 않기 때문에 돼지가 중요한 수렵대상이고 제품이었던 것은 확실하지만 사육의 근거는 부족한 상태이다.[148]

흥륭와문화 이외의 지역에서 실내무덤과 비슷한 형태를 찾아보면 다음과 같다. 황하유역의 반파(半坡)유적에서는 일부 주거지 주위 혹은 내부에서 갓난아기를 매장하는 현상이 보이지만 성인을 매장한 것은 보이지 않는다. 내몽고지역의 후기 신석기문화인 묘자구(廟子溝)문화 묘자구유적에서는 일부의 주거지 중 저장구덩이나 화덕시설을 이용한 매장 방식이 발견되기도 한다.

조금 더 멀리 가본다면 서아시아의 신석기시대 유적인 차탈휘익(Çatalhöyük)유적과 초이로코이샤(Choirokoitia) 유적에서 주거지 내부 매장현상이 보이며, 대만의 태아(泰雅), 배만(排灣) 비남(卑南), 소족(邵族) 등의 토착민족들은 모두 실내 매장의 습속을 가지고 있다고 한다. 소족은 망자에게 애착이 있어 짐승의 먹이가 되는 것을 원하지 않아서 실내매장 습속이 있는 것으로 알려져 있다. 태아인들은 망자의 위에서 잠을 자면 망령의 보우를 받는다고 생각한다고 한다.[149]

흥륭와유적에서도 위와 같은 이유로 실내무덤을 만들었을 수도 있다. 하지만 글쓴이는 흥륭와문화의 실내무덤이 당시 사람들의 종교활동에 기초한 것이라고 생각한다. 종교활동의 일환으로 주거지 내부에서 제사 활동을 했는데, 이는 실내무덤 내에서 발견되는 돼지뼈, 옥 장신구, 장신구

---

148) 곽대순(郭大順)·장성덕(張星德) 著·김정열 譯 2008, 『동북문화와 유연문명』, 동북아역사재단, p.243.

149) 中國社會科學院考古研究所內蒙古工作隊, 1997, 「內蒙古敖漢旗興隆窪聚落遺址 1992年發掘簡報」, 『考古』 第1期, 科學出版社, p.24.

등을 통해서 추측할 수 있다. 흥륭와유적의 M118 내에서 묘주와 두 돼지 뼈는 같은 구덩이에 나란히 매장되었는데, 이는 제사의 형태가 구체적으로 드러난 것으로 보인다. 무덤뿐만 아니라 흥륭와문화 주거지에서는 대량의 사슴과 돼지 등의 동물 뼈들이 발견된다. 사냥은 당시의 주요한 생산 활동의 한 부분을 차지하고 있었는데, 사냥의 성공을 바라는 일 또한 흥륭와 사람들이 종교의식을 치르는 큰 이유였을 것이다.

또 실내무덤은 없지만 백음장한유적 주거지에서는 사람형태의 조각상이 발견된다. 이것은 홍산문화에서 발견되는 여신묘 내의 여신상이나 주거지에서 출토된 소조상과 같은 정교한 형태는 아니지만 사람의 형태를 하고 화덕시설 근처에 배치된 것으로 보아 일반적인 장식의 용도로 생각되지는 않는다. 필시 그것에 의미를 부여하고 무언가를 기원한 종교행위로 생각할 수 있다.

<표 11> 지역별 무덤형식 비교

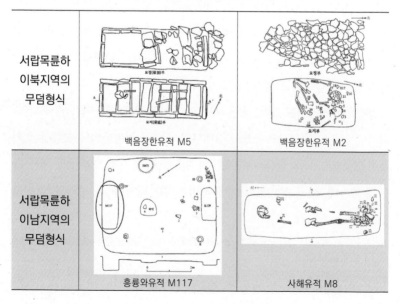

| 서랍목륜하 이북지역의 무덤형식 | 백음장한유적 M5 | 백음장한유적 M2 |
| 서랍목륜하 이남지역의 무덤형식 | 흥륭와유적 M117 | 사해유적 M8 |

3. 화덕시설의 지역적 차이

화덕은 난방, 취사, 제습, 조명 등의 기능을 하는 생활 필수시설로 당시 사람들에게는 매우 중요한 시설이라고 할 수 있다. 그런데 이러한 화덕시설 시설에서도 지역적인 차이가 존재한다. 앞서 언급한 무덤시설을 보면 서랍목륜하 이북지역에서는 돌을 활용한 무덤이, 이남지역에서는 움무덤이 주로 나타난다는 것을 알 수 있었는데, 화덕시설 또한 이러한 경향이 나타나는 것이다.

먼저 서랍목륜하 이북지역의 화덕시설을 살펴보면 다음과 같다. 백음장한유적의 주거지에는 대부분 완전한 화덕시설들이 발견되는데 크게 돌두름식[石板土坑爐]과 구덩식[土坑爐]의 두 가지 형식으로 구분된다. 돌두름식은 총 44기인데, 이것은 다시 방형의 구덩이를 파고, 가장자리에 홈을 판 후 판돌을 홈에 끼워 세운 형식과, 판돌을 구덩이 주위를 따라 이어 붙여 방형을 만든 형식으로 나뉜다. 후자는 대부분 판돌을 여러 층으로 쌓았는데, 판돌 4개만으로 만든 것도 있다. 구덩식은 2기만이 발견된다. 남태자유적에는 돌두름식, 구덩식, 무시설식의 세 가지 형식이 있는데, 돌두름식은 12기, 구덩식은 1기, 무시설식은 18기로 돌두름식이 많이 보이지만 무시설식의 수량이 가장 많다. 돌두름식은 판돌을 이어 깔아 만들었는데, 바닥면과 비슷한 높이이거나 약간 낮다. 백음장한유적에서 보이는 돌두름식 화덕시설 중 구덩이를 파고 판돌을 세운형식과 비슷하다.

서랍목륜하 이남 지역의 화덕시설을 살펴보면, 흥륭와유적과 사해유적 모두에서 원형의 구덩식과 돌깐식(支石爐, 돌을 깐 화덕시설)의 두 가지 형식이 발견된다. 구덩식이 돌깐식보다 보편적인데 암반층을 파고 들어가 그대로 사용한 것과 진흙을 바르고 사용한 것이 있다. 돌깐식은 구덩이를 파고 돌을 깔아 사용한 것과 지면에 그대로 돌을 깔아 사용한 것이 있다.

이렇게 화덕시설 시설에서도 지역적 차이가 나는 것을 볼 수 있는데, 대체로 서랍목륜하 이북지역의 백음장한유적과 남태자유적이 비슷하며, 이남지역의 흥륭와유적과 사해유적이 비슷한 형태를 나타낸다. 이러한 지역적 차이는 지역 간의 기온차이와 연관이 있을 것이다. 앞서 서랍목륜하 이북지역이 이남지역에 비해 척박하며 더 추운 지역이라고 하였다. 때문에 북쪽의 백음장한, 남태자 유적사람들은 남쪽의 사람들보다 온도 변화에 더 민감했을 것이고, 열의 효율석 활용에 주의를 기울였을 것이다. 그렇게 생겨난 것이 이 지역에서 돌을 이용하여 노 시설을 만드는 전통이다. 돌두름식 화덕시설은 흥륭와문화 말기에 생겨난 습속이 아니라 소하서문화 백음장한유적에서부터 보이는 현상으로 형태의 차이는 있지만 흥륭와문화 2기인 남태자유적, 백음장한 2기 갑류 유적에서도 계속적으로 이어져 오는 분명한 지역적 차이라고 할 수 있다.

<표 12> 지역별 화덕시설 비교

서랍목륜하 이북지역의 화덕시설	백음장한유적 AF20	백음장한유적 AF13
서랍목륜하 이남지역의 화덕시설	사해유적 F32	사해유적 F30

4. 유물의 특징과 지역적 차이

1) 질그릇

흥륭와문화에서 발견되는 대부분의 질그릇은 지역을 불문하고 두터운 기벽 및 거친 표면을 가진 모래가 낀 질그릇이다. 소성온도는 높지 않고, 표면의 색은 깨끗하지 않다. 또 대다수가 저경보다 큰 구경을 가진 사복 혹은 직복통형관, 호복관류이다. 관류(罐類) 이외에는 발형질그릇, 완형질그릇, 잔형질그릇 등이 발견된다. 질그릇제작은 모두 테쌓기(윤적법)나 서리기(권상법)를 사용하였다. 표면에 장식된 문양은 압인문 위주로 여러 단으로 나뉘어 시문된 분단식 배열이 공통적이다.

하지만 흥륭와문화의 질그릇 역시 지역별로 일정한 차이가 존재한다. 통형관이라는 흥륭와문화의 보편적 질그릇을 제외한 발형질그릇, 잔형질그릇 등은 서랍목륜하 이남지역인 흥륭와와 사해유적에서 더 많이 보인다. 질그릇 표면의 색에서도 차이가 있는데, 서랍목륜하 이남지역의 흥륭와유

적과 사해유적의 질그릇은 초기의 홍갈색과 황갈색 질그릇에서 회갈색 질
그릇 위주로 변해간다. 이에 반해 서랍목륜하 이북의 남태자유적과 백음
장한유적의 질그릇은 회갈색 질그릇도 조금씩 보이긴 하지만 황갈색이 대
다수이다. 이는 분명히 두 지역 간의 질그릇 소성방법이나 태토가 달랐음
을 보여주는 것이다. 또 위도의 차이로 인해 땔감으로 활용할 수 있는 교
목류의 생장 차이도 생각해 볼 수 있다.

　질그릇에 시문된 문양을 보면 흥륭와, 사해유적의 망격상횡대문(網格狀
橫帶紋)은 백음장한과 남태자유적에서 보이지 않는다. 백음장한에서 발견
된 비점압인문(篦点壓印)과 부가퇴문상면에 시문된 구련파절문(勾連波折
紋) 등은 흥륭와와 사해유적에서 보이지 않는 형식이다.[150]

2) 석기

　흥륭와문화의 석기는 타제석기, 마제석기, 탁제석기, 압제석기의 4종
류이며 유적마다 돌칼, 돌도끼, 좀돌날, 가락바퀴, 자귀 등의 공통적인 석
기들이 많이 발견되었다. 그러나 가장 큰 비중을 차지하는 땅을 파는 도
구들에서 차이가 난다. 흥륭와, 사해유적에서는 어깨 부분이 잘록한 곰배
괭이가 많이 발견되고, 서랍목륜하 이북지역의 백음장한, 남태자유적에
서는 굴곡 없이 평평한 돌삽이 많이 발견된다. 또 농경도구는 아니지만
흥륭와, 사해유적에서는 백음장한, 남태자유적에서 보이는 돌통형관이
보이지 않는다. 이 돌통형관은 서랍목륜하 이북지역에서만 보이는 지역
적 특징으로 흥륭와문화 2기인 남태자유적, 백음장한 2기 갑류 유적과 흥

---

150) 趙賓福, 2006, 「興隆窪文化的類型, 分期與聚落結构研究」, 『考古與文物』, 第1期, 陝西
　　　省考古研究所, pp.25~26.

류와문화 4기인 백음장한 2기 을류 유적에서만 돌통형관이 발견된다. 하지만 흥륭와문화 1, 2, 3기인 흥륭와, 사해유적에서는 돌통형관이 한점도 발견되지 않는다.

땅을 파는 도구들(곰배괭이, 돌삽)은 각 유적에서 가장 많이 발견되는 석기 기종 중 하나인데, 이것에 있어서 지역적 차이가 난다는 것은 지역마다 필요로 하는 석기의 형태가 달랐음을 뜻한다. 무덤과 화덕시설에서 보듯이 서랍목륜하 이북지역의 흥륭와문화 사람들이 돌 다루는 능력이 뛰어났음에도 불구하고 넓적한 형태를 가진 돌삽을 만들어 쓴 것은 그 형태가 지역의 토질에 더 알맞기 때문일 것이다.

5. 흥륭와문화의 전문가 집단 출현에 관하여

수공업생산의 전문화는 인류발전에 중요한 역할을 하였고, 고대문명 및 도시혁명에 있어 중요한 요소라고 할 수 있다. 이에 따라 고고학분야에 있어서도 수공업생산을 전문적으로 하는 전문가 집단의 출현에 대한 연구를 중요하게 인식해 왔다.[151] 전문가 집단의 출현이 그 사회의 복합도를 결정하는 척도 중 하나이기 때문이다.

중국학자 이신위(李新偉)는 남태자유적과 백음장한유적 A·B구역의 주거지[152]에서 출토된 다양한 석기들의 수량을 분석하여 흥륭와문화가 높은 수준의 사회복합도를 가졌던 것은 아니지만, 초보적인 전문화생산이 이루어 졌다고 보았다. 당시 한 가정이 완전한 자급자족을 실현하기 어려웠고,

---

151) Childe V.G, 1956, "Man Makes Himself", Moonraker Press; Wailes, Bernad, 1996, "Craft Specialization and Social Evolution: In Memory of V.Gordon Childe", University of Pennsylvania; 李新偉, 2008, 「地理信息系統支持的興隆窪文化手工業生産專業化研究」, 『考古』第6期, pp.58~68.

152) 이신위는 흥륭와문화 유적 중 보존이 잘 되어 있고, 보고자료가 충분한 두 유적을 표본으로 삼았다고 밝히고 있다.

각종 교환체제에 의존해 생존을 유지할 수밖에 없는 상황에서 각각의 주거지 내에서 각기 다른 생산 활동을 했다는 것이다. 이에 대한 내용을 간략히 정리해 보겠다.[153]

먼저 남태자유적 주거지에서 석기가 분포하는 양상이다. 석기가 가장 많은 1급 건물이 총 8기 있는데, 7기가 북부에 집중되어 있다. 나머지 주거지 1기는 남쪽에 있다. 그 중 취락 면적이 가장 크고 중앙부근에 위치한 F4에서 석기가 가장 많이 발견되었다. F4 동측 5기의 주거지 F1, F2, F3, F5와 F32도 모두 석기가 많이 발견된 1급 건물이다.

남태자유적의 주거지에서 석기제작 재료가 발견된 곳은 다섯 곳이었다. 그 중에 4기의 주거지가 F4와 접한 F2, F3, F5 그리고 F6이었다. F2 내의 석기제작 재료가 21점으로 가장 많은 수량이 발견되었으며, 건물의 동부에 집중되어 있었다.

좀돌날은 5기의 주거지에서 발견되었다. 그 중 F4와 근처에 있는 주거지는 F1, F32가 있다. F32에서는 좀돌날이 32점 발견되어 가장 많이 발견되었다. F14는 F4와 인접하지는 않지만 석기의 수량이 1급 수준에 이른다. 이 주거지 내에서는 총 12점의 좀돌날이 출토되었다. 주목할 만한 것은 주거지 남측 저장구덩이에서 좀돌날이 200점이나 나왔다.

종합하면 남태자유적의 북쪽에 위치한 주거지들은 모두 4점 이상의 석기들이 발견되었고 그 중 5기의 주거지에서는 11점 이상의 석기가 출토되었다. 그에 반해 남쪽 19기의 주거지 중 10기에서는 3점 이하의 석기만이 발견되었다. 북쪽과 남쪽 양측이 선명한 대비를 보이는 것이다.

백음장한유적 A구역 취락을 살펴보면 석기가 집중 분포하는 주거지는

---

153) 李新偉, 2008, 「地理信息系統支持的興隆窪文化手工業生産專業化硏究」, 『考古』第6期, pp.58~68.

동쪽에 몰려있다. 1급 주거지 4기 중에 3기가 동쪽에 집중되어 있다. 그리고 남쪽보다는 북쪽에 집중적으로 분포한다. 그리고 서쪽으로는 9기의 주거지 모두 5점 이하로 발견된 3급 주거지이다.

동쪽 중앙에 위치한 1급 주거지 AF32에는 갈돌과 갈판, 절구 등 식물가공 공구들이 집중되어 발견되었다. 근처 1급 주거지 AF25중에서는 도끼, 뚜르개, 자귀 등과 같은 타격도구들이 집중적으로 발견되었다. AF32 동쪽에 위치한 2급 주거지 AF37에서는 칼, 좀돌날 등의 자르거나 긁는 도구들이 집중적으로 발견되었다.

백음장한 B구역 취락을 살펴보면 석기들의 분포가 균일하지 못하다. 서쪽의 정가운데에 위치한 BF74과 BF73만이 1급 건물이다. BF74에는 갈돌과 갈판이 주거지 북쪽에 집중 분포되어 있고, 서남쪽에서 돌삽 등이 발견되었다. BF73 바닥에서 출토된 석기로 도, 돌삽, 조각품 등이 포함되지만 보통의 주거지에서 흔히 보이는 갈돌, 갈판, 부 등은 보이지 않는다.

이상의 분석에서 각 주거지마다 석제품의 수량과 기종이 불균등하게 분포하는 것을 알 수 있다. 따라서 흥륭와문화 시기의 전문화생산 상황에 대해 추측할 수 있다.

첫째, 남태자유적의 세석기 분포상황을 보면 흥륭와문화의 세석기생산이 일부 상류층들의 통제 하에 생산되고 분배가 이루어졌다고 추측해 볼 수 있다. F14 주거지와 근처의 저장구덩이에서는 다른 주거지에 비해 좀돌날이 매우 많이 발견되었다. 이것은 남태자취락의 좀돌날석기 생산과 매우 긴밀한 관계가 있다고 보여진다. 남태자유적 이외에 흥륭와유적의 F180 내 실내무덤 M118에서는 피장자 근처에서 좀돌날 195점이 출토되어 피장자와 좀돌날 생산의 관계를 생각해보게 한다.

둘째, 각종 석기들이 불균등하게 분포된 것은 각각의 생산활동이 특정 주거지 내 거주자에 의해서 진행된 것을 뜻한다. 백음장한 A·B 구역에서는 갈돌과 갈판, 타격도구, 자르거나 긁는 도구 등이 어느 한 주거지 내에 집중 분포되는 현상을 보이기 때문이다. 갈돌과 갈판, 절구 등은 식물가공과 관련이 있기 때문에 AF32와 BF74 내에 거주한 사람

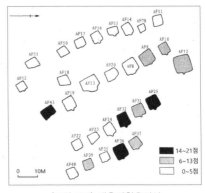

〈그림 138〉 백음장한유적의 주거지 별 석기 분포 수치(李新偉, 2008)

들이 식품가공을 많이 한 것으로 볼 수 있다. 다시 말하면 식품가공 작업은 이 두 주거지에서 전문적으로 이루어진 것이다. 도끼, 자귀, 뚜르개 등의 도구가 목재가공과 관련이 있기 때문에 이와 관련된 생산활동은 AF25에서 더 많이 이루어졌다고 볼 수 있다. 기본 생활과 관련된 식품가공작업과 간단한 수공업 생산활동이 비교적 한 집단에 집중되어 진행되었음을 추측할 수 있다.

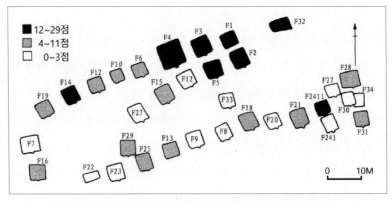

〈그림 139〉 남태자유적의 주거지 별 석기 분포 수치(李新偉, 2008)

IV 장
소하서문화와
흥륭와문화의 관계

1. 흥륭와문화의 지역유형 분류

흥륭와문화 유적 중 대규모로 발굴된 유적은 흥륭와, 사해, 백음장한, 남태자유적의 네 곳이다. 이 네 유적들에는 흥륭와문화의 유적이라고 생각할 수 있을 만한 공통점이 몇 가지 있는데, 첫째로 취락 배치이다. 남태자유적을 제외한 흥륭와유적, 사해유적, 백음장한유적에서 취락 주변을 두르는 환호가 발견되었다. 남태자유적에서 환호유구가 발견되지는 않았지만 주거지 분포는 다른 유적과 같이 열을 지어 나란히 분포하고 있다. 질그릇 또한 대부분이 거친 표면을 가진 모래가 낀 통형관으로 분단식배열의 부가퇴문, '乀'자문, '人'자문 등을 보편적인 공통 요소로 가진다.

하지만 위에서 언급한 것처럼 서랍목륜하를 기점으로 그 이북과 이남의 유적양상에는 일정한 차이가 존재한다. 이 차이는 연대의 차이뿐만 아니라 지역요소의 차이도 매우 심하게 나타난다. 현재 중국에서는 흥륭와문화의 유형을 흥륭와유형, 사해유형, 백음장한유형, 남태자유형의 네 가지로 나누는 의견과,[154] 백음장한유형, 흥륭와유형의 두 가지로 분류하는 조

〈그림 140〉 흥륭와문화의 지역유형

빈복의 의견이 있다.[155] 두 분류 중 전자의 유형분류는 잘못된 것으로 생각되는데, 흥륭와유적과 사해유적이 주거지, 무덤, 질그릇, 석기 등에서 매우 비슷하고, 백음장한유적과 남태자유적 또한 주거지, 무덤, 질그릇, 석기 등에서 매우 비슷하기 때문이다. 이 유형분류는 그 문화의 시기적인 구분도 포함시킨 것으로 생각된다.[156]

　다음으로 조빈복은 흥륭와문화를 두 유형으로 분류하긴 하였지만 자세한 내용을 다루지는 못하였다. 본 연구에서는 이미 흥륭와문화의 지역적 차이에 대해 자세히 서술 했는데, 그 유형을 시기의 차이보다는 유구와 유

---

154) 索秀芬·李少兵, 2004, 「南台子類型分期初探」, 『內蒙古文物考古』, 第2期, 內蒙古文物考古研究所, pp.29~36; 連吉林, 2007, 「試論南台子類型」, 『內蒙古文物考古』, 內蒙古文物考古研究所, pp.29~37; 索秀芬, 2005, 「試論白音長汗類型」, 『考古與文物』第4期, 陝西省考古研究所, p.1.

155) 趙賓福 著·崔茂藏 譯, 1996, 『中國東北新石器文化』, 集文堂; 趙賓福, 2006, 「興隆窪文化的類型, 分期與聚落結構硏究」, 『考古與文物』, 第1期, 陝西省考古研究所, pp.25~26.

156) 남태자유형에는 남태자유적과 백음장한 2기갑류 유적이 포함됨

물의 지역적 특징에 따라 분류하여야 한다고 생각한다. 따라서 위에서 살펴본 흥륭와문화 유적들의 유형을 조빈복의 안과 같이 서랍목륜하 이북의 백음장한유형과 서랍목륜하 이남의 흥륭와유형으로 구분하는 것이 타당하다고 보여진다.

2. 소하서문화 '명명(命名)'에 관하여[157]

소하서유적과 일련의 유적들이 소하서문화로 불리게 된 것은 중국학자 양호에 의한 것이었다.[158] 그 이후 1990년 10월에 출판된 1989년 중국고 고학연감에서 오한기 유수산·서량유적이 신석기시대의 취락유적이며, 소 하서문화에 속한다고 하였다.[159] 하지만 다른 논문에서 그는 소하서문화는 흥륭와문화에 속하는 일개 유형이라고 보는 것이 실제 정황에 알맞다고 하기도 해,[160] 정확하게 한가지 의견을 제시하지 못했다.

일부에서는 사해유적에서 발견된 대규모 취락유적 중 서북부에 위치한 F26, F29, F33, F34, F35 주거지에서 많은 양의 무문의 모래가 낀 통형

---

157) 박진호, 2015a, 「소하서문화와 흥륭와문화의 관계연구」, 『고조선연구』, 고조선학회, pp. 44~55.

158) 楊 虎·林秀貞, 2009a, 「內蒙古敖漢旗小河西遺址簡述」, 『北方文物』 2輯, 北方文物雜志 社, pp.3~6.

159) 中國考古學會, 1989, 「敖漢旗楡樹山, 西梁遺址」, 『中國考古學年鑒』, 文物出版社, p.131.

160) 楊 虎·林秀貞, 2009a, 「內蒙古敖漢旗小河西遺址簡述」, 『北方文物』 2輯, 北方文物雜 志社, p.6.

관이 발견된 것에 근거하여 위의 주거지들이 소하서문화 유적에 속한다고 하는 견해도 있다.[161] 그러나 이후 정식발굴보고서에서는 이러한 유구들을 흥륭와문화 중 가장 이른 시기의 유구로 설명하였다. 소하서문화와 흥륭와문화의 관계를 설명한 학자들의 견해는 앞서 연구사에서 설명하였는데, 그들은 대부분 이 점에 대해서 중점적으로 연구했다기 보다는, 소하서문화와 흥륭와문화를 설명하는데 있어서 짚고 넘어가야할 한 부분정도로 언급해왔다.

가장 최근의 연구에서 조빈복은 위에서 설명한 사해유적의 일부 유구들을 소하서문화의 유적으로 설명하면서 소하서문화가 흥륭와문화와는 '명확히 다른 독립적인 문화'라고 하였다. 또 그 유형을 노로아호산(努魯兒虎山) 이서유형(以西類型)과, 노로아호산 이동유형(以東類型)으로 나누었다. 글쓴이가 검토해 본 결과, 이 의견에 동의하지 않는다. 그의 논문에서 설명한 소하서문화와 흥륭와문화의 '명확한 차이'가 실제로 그렇게 명확하지 않기 때문이다. 먼저 그가 설명한 명확한 차이를 살펴보면 다음과 같다.[162]

현재 발표된 자료에 따르면 필자는 소하서문화의 명명은 타당하다고 본다. 소하서문화는 자신만의 특징적인 '문화조합'을 가질 뿐만 아니라 연대, 분포범위 모두 분명하다.

1. 소하서문화의 특징은 비교적 명확하다

---

161) 辛 岩, 方殿春, 2003, 「查海遺址 1992年~1994年發掘報告」, 『遼宁考古文集』, 遼宁民族出版社; 趙賓福·杜戰偉, 2014, 「小河西文化檢析」, 『考古學研究』 1期, 中國國家博物館館刊, p.19.

162) 趙賓福·杜戰偉, 2014, 「小河西文化檢析」, 『考古學研究』 1期, 中國國家博物館館刊, pp. 17~25.

소하서문화의 주거지는 모두 모줄임 방형, 모줄임 장방형, 제형의 평면을 가진 지하식건축이고, 바닥은 진흙을 바르거나 생토면을 다진 형식이다. 화덕시설은 다수가 실내 중앙에 위치한다. 장방형의 돌두름식 화덕시설과 원형의 구덩식 화덕시설, 타원형 화덕시설, 표주박형 화덕시설이 있는데, 원형이 다수이다. 출입시설은 경사진 제형출입시설와 외부로 돌출된 반원형 출입시설의 두 가지이다. 기둥구멍은 화덕시설주변에 분포한다. 주거지 한쪽 모서리에는 구덩이가 있는데, 그 평면은 일반적으로 불규칙한 타원형이고, 직벽, 평저이다. 구덩이 내에는 3층의 대(台)가 형성되어 있는데, 매 층 마다 명확하게 다진 흔적이 있다. 주거지 내에서는 직복통형관과 사직복통형관의 질그릇편이 발견되었고 석기, 뼈도구, 조개도구, 갈돌 갈판 등이 발견되었다.

소하서문화의 무덤은 모두 움무덤인데, 평면은 불규칙 장방형, 원형 혹은 란형(卵形)이다. 장법은 펴묻기 혹은 굽혀묻기이다. 부장품은 방식, 골식, 석관주 등이 있다.

발견된 유물을 보면 소하서문화의 질그릇은 모두 테쌓기로 만들어졌으며, 태토질은 거칠다. 모래질은 비교적 굵다. 특징적인 진흙 띠 부가퇴문과 소량의 착인점선문(戳印點線紋)을 제외하면 절대다수가 무문이다. 또 흥륭와문화의 지자문과 보편적으로 유행하는 분단식 복합문 질그릇은 보이지 않는다. 기존 고고학문화와는 다른 유물군인 것이다.

소하서문화의 석기는 타제 위주이고 마제는 적다. 주로 찍개, 곰배괭이, 반상기, 환상석기, 병형기, 돌칼, 돌도끼, 돌자귀, 돌뚜르개, 석구, 공이, 절구, 갈돌, 갈판, 골경석인작살 등이다. 뼈도구는 짐승

뼈인데, 주로 뼈송곳, 골비, 골 작살, 양단기, 골경인 등이 있다. 뿔 도구는 사슴 뿔을 이용했다.

2. 소하서문화의 연대는 비교적 뚜렷하다.

백음장한유적에는 소하서문화 주거지가 흥륭와문화 2기 갑류 주거 지에 의해 파괴되었는데 같은 상황이 부신 사해유적에서도 발견된 다. 이를 보면 소하서문화의 상대연대는 흥륭와문화보다 이르다는 것을 알 수 있는데, 이는 독자적인 시간범주에 속한다고 할 수 있다. 최신의 연구 결과에서는 소하서문화의 절대연대는 기원전 6200년 이전이고 가장 이른 시기의 연대는 B.C.7500년 정도라고 하였다.

3. 소하서문화의 분포범위는 명확하다.

소하서문화의 분포범위는 기본적으로 흥륭와문화와 같은데, 흥륭와 문화의 분포범위의 중심에 위치한다. 서부의 임서 백음장한유적, 동 부의 부신 사해유적을 막론하고 모두 소하서문화의 전형유구가 발 견되었다. 이것은 소하서문화만의 공간범위가 존재하는 것이다.

4. 소하서문화는 흥륭와문화의 전신이다.

질그릇 형태를 보면 소하서문화는 주로 평저통형관이다. 이러한 종 류의 질그릇과 흥륭와문화의 질그릇을 서로 비교하면, 그 표면에 문 식은 없지만 형태는 매우 유사하다. 이는 문화계승관계에 있는 것이 다 즉 흥륭와문화는 소하서문화의 전승자이다.

이상의 네 가지를 고찰했을 때 우리들은 소하서문화를 확실히 요서지 역 신석기시대 발전단계 중 독립적인 고고학문화로 생각할 수 있다. 그 것의 분포범위는 흥륭와문화와 대체로 비슷하며, 연대는 흥륭와문화보다 이르다. 소하서문화는 흥륭와문화의 전신이다.

여기서 조빈복은 소하서문화 유적에서 발견된 유물과 유구의 특징을 나열하여 설명하였는데, 그 특징을 흥륭와문화와 비교하여 설명하는 것이 아니라 단순히 소하서문화의 특징만을 나열해놓고 소하서문화의 문화 특징이 명확하다고 하고 있다. 사실 흥륭와문화의 주거지, 무덤, 질그릇, 석기 등의 특징과 비교해도 큰 틀에서 심한 차이가 없다. 흥륭와문화의 주거지 또한 모줄임 방형, 모줄임 장방형의 평면을 가진 수혈주거지가 많이 보이며, 바닥면 또한 진흙을 이용해 다듬거나 다진 흔적이 나타난다. 화덕시설도 실내 중앙에 위치하는 것과 돌두름식 화덕시설, 구덩식 화덕시설 등의 형태가 똑같은데, 소하서문화의 특징이라고 설명한 표주박형 화덕시설은 유수산·서량유적에서만 나타나는 지역 특징이지 소하서문화의 보편적인 특징이라고 할 수 없다. 소하서문화에서 발견되는 형식 또한 실내무덤으로 흥륭와문화의 무덤과 큰 차이가 없으며 장법과 부장품에 있어서도 조개장식, 뼈장식품, 석관주 등의 장식품이 부장되는 것이 일치한다.

　소하서문화 질그릇의 형태는 모래가 낀 직복통형관 혹은 모래가 낀 사직복통형관인데, 이는 흥륭와문화도 마찬가지다. 소성온도가 조금 높아져 조금 더 단단해지고 사립질이 조금 얇아지긴 하였지만 두 문화에서 발견되는 주요 기종에서는 큰 차이가 없다. 다만 흥륭와문화 질그릇에 새겨진 문양이 매우 다양해지는데 이것은 문화가 다름에서 오는 차이라기 보다는 시간적 흐름에 따라 발전을 해 나갔거나, 지역적인 차이가 존재한다고 설명하는 것이 더 타당할 것으로 생각된다. 또한 소하서문화의 특징적인 질그릇라고 하는 무문의 통형관은 흥륭와문화 사해유적에서도 발견되고 있어, 무문통형관이 소하서문화만의 확실한 특징이라고 보기도 힘들다.

　석기와 뼈도구도 그 기종에 있어서 흥륭와문화와 큰 차이를 보이지 않는데, 조빈복의 논문에서 설명한 소하서문화의 석기가 대부분 흥륭와문화

석기에서 나타나며 그 형태도 크게 다르지 않다. 그가 명확한 소하서문화의 특징이라고 언급한 석기와 뼈도구들이 흥륭와문화에서 거의 그대로 나타난다. 오히려 소하서문화의 유물과 흥륭와문화의 유물이 비슷하다는 설명밖에 되지 않는 것이다.

소하서문화의 연대가 뚜렷하다는 것 또한 인정하기 힘들다. 연대 측정된 절대연대가 터무니없이 부족할 뿐만 아니라 유수산·서량유적에서 측정된 절대연대는 B.C.5170±135년과 B.C.5760±120년으로 흥륭와문화의 백음장한유적 2기 갑류 유적보다 늦은 시기이기 때문이다. 유구 중복관계가 상대연대를 추정할 수 있는 중요한 요소인 것은 사실이지만, 소하서문화 주거지가 흥륭와문화 주거지보다 아래층에 위치한다고 해서 독자적인 문화를 형성하였다고 보기는 힘들다. 그렇게 보자면 흥륭와유적이나 백음장한유적에서 보이는 주거지 중복현상은 모두 다른 문화현상으로 이해해야 하기 때문이다. 실제로 그러한 주거지 중복현상은 흥륭와문화 내의 시기적 차이로 설명하지 독자적인 문화로 설명하지는 않는다. 또 소하서문화의 절대연대가 B.C.7500년 정도라고 언급하였는데, 그 근거로 실제 인용된 논문을 찾아보면 소하서문화 유구와 흥륭와문화 유구가 중복되어 있다는 백음장한유적의 연대측정결과도 아닐뿐더러 흥륭와유적 F119 주거지에서 출토된 목탄의 연대측정 결과가 '距今7470±115 年'이라고 한 것[163]을 오인했을 뿐이다. 실제로는 흥륭와문화 유적에서 측정된 절대연대보다 앞서는 연대는 나오지 않은 것이다. 때문에 소하서문화의 연대범위가 뚜렷하게 보인다는 의견에 동의 할 수 없다.

분포범위에 대한 설명 또한 흥륭와문화와 구별되는 차이를 설명하지 못

---

163) 索秀芬·郭治中, 2004,「白音長汗遺址小河西文化遺存」,『邊疆考古硏究』, 第3輯, 吉林大學 邊疆考古硏究中心, 科學出版社, p.309.

하고 있다. 흥륭와문화와 그 분포범위가 일치한다고 말하는 것이 소하서문화의 분포범위가 명확히 드러난다고 말 할 수 있는 것은 아니다. 소하서유적, 유수산·서량유적 또한 흥륭와유적과 그리 멀지 않은 곳에 위치해 있다. 절대로 소하서문화만의 뚜렷한 분포범위가 보이는 것이 아니다.

또 조빈복은 질그릇 형태가 같고, 문양에서 차이가 있기 때문에 흥륭와유적과 구별되는 명확한 특징을 가지고 있다고 하였는데, 나중에 소하서문화와 흥류와문화의 전승관계를 설명하는데 있어서도 질그릇 형태는 같고, 문양이 없기 때문에 두 문화가 서로 이어진 관계라고 설명하였다. 설명에서 앞뒤가 맞지 않는 것을 느낄 수 있다. 앞서 언급한 것처럼 문양의 유무나 문양의 많고 적음은 시간적 차이로 해석하는 것이 더 타당하다고 생각된다.

종합하면, 소하서문화의 문화 양상은 흥륭와문화와 문화적 차이라고 할 만큼 크지 않다. 주거지는 모줄임 방형, 모줄임 장방형의 평면을 가진 수혈주거지가 공통적으로 보이며, 바닥면 또한 진흙을 이용해 다듬거나 다진 흔적이 나타난다. 화덕시설도 실내 중앙에 위치하는 것과 돌두름식 화덕시설, 구덩식 화덕시설 등의 형태가 모두 보인다. 소하서문화에서 발견되는 무덤 형식은 실내무덤으로 흥륭와유적, 사해유적의 무덤과 큰 차이가 없고 장법과 부장품도 장식품이 부장되는 것이 일치한다. 질그릇 또한 무문의 통형관이 특징적이긴 하지만 흥륭와문화의 초기에 보이는 문양이 소하서문화 질그릇에서도 일부 나타나고 통형관 또한 기본적으로 동일한 형태이다. 석기와 뼈도구도 소하서문화에서 나타나는 것들이 흥륭와문화에서 거의 그대로 나타난다.

소하서문화의 연대는 연대측정 결과가 매우 부족하기 때문에 유구 중복 현상을 근거로 한 상대연대에 의존해 추측할 수밖에 없다. 하지만 유수산·

서량유적에서 측정된 절대연대가 B.C.5170±135년과 B.C.5760±120년
으로 흥륭와문화의 백음장한유적 2기 갑류 유적보다 늦은 시기라는 것은
흥륭와문화와의 진행시기와 같은 시기에 형성된 유적이라는 것이다. 색수
분은 이것을 두고 연대측정이 잘못되었을 가능성, 소하서문화 연속시간이
길었을 가능성을 제시했는데,[164] 연대측정이 잘못되었을 가능성 보다는 무
문통형관을 특징으로 하는 집단이 지속적으로 존재하였을 가능성이 더 크
다고 보여진다.

앞서 언급했듯이 흥륭와문화는 소하서문화에 연속되는 문화로 알려져
있다. 소하서문화의 각 유적에서 보이는 유물과 유구양상들은 동 유적의
흥륭와문화 유구에서 보이는 것들과 약간의 차이는 있지만 큰 틀에서 비
슷한 점들이 많이 보이고 있다.

---

164) 索秀芬, 2005, 「小河西文化初論」, 『考古與文物』 第1期, 陝西省考古研究所, p.25

<표 13> 소하서문화와 흥륭와문화의 문화요소 비교 1

		소하서문화	흥륭와문화
두 문 화 간 문 화 요 소 비 교	주 거 지	 백음장한 BF42	 남태자 F6
		서랍목륜하 이북지역의 주거지로 벽면에 출입시설이 나있고 기둥구멍이 없는 것이 특징이다. 화덕시설은 판돌을 이용한 화덕시설이 나타난다.	
		 서량 F110	 흥륭와 F171
		서랍목륜하 이남지역의 주거지로 뚜렷한 출입시설이 없고, 기둥구멍이 있는 것이 특징이다. 화덕시설은 원형의 수혈 화덕시설이 주로 나타난다.	
	토 기	 백음장한유적	 흥륭와유적
		소하서문화 질그릇의 형태는 모래가 낀 직복통형관 혹은 모래가 낀 사직복통형 관인데, 이는 흥륭와문화도 마찬가지다.	

〈표 14〉 소하서문화와 흥륭와문화의 문화요소 비교 2

		소하서문화	흥륭와문화
두 문 화 간 문 화 요 소 비 교	석 기	 유수산·서량유적 출토	 흥륭와유적 출토
		서랍목륜하 이남지역의 소하서·흥륭와 문화 유적에서는 기본적인 굴착공구로 자루가 가늘고 몸 부분이 넓은 곰배괭이가 많이 발견된다.	
	무 덤	 유수산 F3 주거지 내 M4	 흥륭와 F176 주거지 내 M117
		서랍목륜하 이남지역의 소하서·흥륭 문화 유적에서는 실내무덤을 비롯한 움무덤이 많이 발견된다.	
	연 대	- B.C.6200년보다 앞서는 연대가 측정된 예가 없음. - 유수산·서량유적에서 측정된 절대연대는 B.C.5170±135년과 B.C.5760±120년임.	- 여러 연대측정 시료들을 비교하였을 때 흥륭와문화의 연대는 B.C.6200~B.C.5200년임.

본 연구자는 위와 같은 이유 때문에 소하서문화가 독립적인 문화개념으로 설정되는 것 보다 흥륭와문화의 한 지역 유형으로 보는 것이 타당하다고 생각한다. 하지만 소하서문화 유적으로 분류되던 소하서유적, 유수산·서량유적, 백음장한 1기유적은 지역적 특색을 고려해 뿔도구 다른 유형으로 분류하는 것이 타당할 것이다. 앞에서는 흥륭와문화의 유형을 서랍목륜하 이북의 백음장한유형과 서랍목륜하 이남의 흥륭와유형으로 구분하였는데, 돌두름식 화덕시설과 돌출된 출입시설이 있는 주거지와 돌절구, 돌잔[杯]을 특징으로 하는 백음장한 1기유적은 흥륭와문화 백음장한유형으로, 무시설의 화덕시설 및 구덩식 화덕시설과 뚜렷한 출입시설이 없는 주거지, 곰배괭이 등을 특징으로 하는 소하서유적을 흥륭와유형으로, 이른 시기가 아님에도 존재하는 무문통형관, 원시적인 질그릇문양, 이형(異形)의 실내무덤, 2층단과 소움을 가지는 주거지를 특징으로 하는 유수산·서량유적을 유수산·서량유형으로 구분하는 것을 제안한다.

〈그림 141〉 흥륭와문화의 지역유형 분류

<표 15> 흥륭와문화의 새로운 유형구분

	유 형	전형유적	특 징
흥룡와문화의 유형구분	백음장한 유형	백음장한 1기유적 백음장한 2기 갑류유적 백음장한 2기 을류유적 남태자유적	- 서랍목륜하 이북에 위치 - 돌두름식 화덕시설 - 돌출된 출입시설 - 돌절구, 돌잔[杯], 돌통형관 등의 석제용기 - 돌을 이용한 묘제 - 주요 공구로 돌삽 - 유적의 짧은 사용시기
	흥룡와 유형	소하서유적 흥룡와유적 사해유적	- 서랍목륜하 이남에 위치 - 무시설의 화덕시설 및 구덩식 화덕시설 - 뚜렷한 출입시설이 없음 - 실내무덤 및 움무덤 - 주요 공구로 곰배괭이 - 유적의 지속적인 사용
	유수산 · 서량유형	유수산·서량유적	- 무문 통형관의 지속적인 사용 - 원시적인 질그릇문양 - 이형(異形)의 실내무덤 - 주거지 내 2층단의 형성 - 주거지 내 소움의 형성

맺으며

    본 연구는 현재 중국에서 소하서문화와 흥륭와문화로 일컬어지는 요서지역의 초기 신석기문화에 대한 전반적인 양상을 다루고 있다. 가장 먼저 현재 발굴되어 보고된 유적을 중심으로 소하서문화와 흥륭와문화의 주거지, 무덤, 질그릇, 석기, 옥기 등에 대해 알아보았다. 그리고 이를 바탕으로 좀 더 심도 있게 흥륭와문화의 특징을 살펴보고 지역유형을 분류하였다. 또 중국 내에서 학자들마다 의견이 분분했던 '소하서문화가 흥륭와문화와는 다른 독립적인 문화인지 아닌지'에 대해 다루어 보았다. 요서지역 초기 신석기문화의 양상을 정리한 것은 이번 연구의 가장 큰 의의라고 할 수 있는데, 이에 관한 연구는 중국이나 국내에서 시도된 적이 없는 새로운 것이다.

  흥륭와문화가 동 지역의 다른 문화와 구별되는 가장 큰 차이점은 취락 배치와 비교적 곧은 기벽을 가진 통형관이다. 취락은 계획적인 주거지 배치와 환호가 특징이며, 질그릇은 바닥이 좁고, 구연이 넓은 통형관이 특징적인데, 지역을 불문하고 두터운 기벽, 거친 표면을 가진 모래가 낀 통형관이 나타난다. 질그릇제작은 모두 테쌓기(윤적법)나 서리기(권상법)를 사용하였으며, 표면의 장식은 여러 단으로 나뉘어 시문된 분단식 배열이 공통적이다.

이와 같은 특징을 가지는 흥륭와문화는 지역에 따른 차이 또한 매우 크게 나타난다. 실내무덤은 흥륭와문화를 대표하는 매장법이라고 할 수 있다. 하지만 이 실내무덤은 서랍목륜하 이남지역의 유적인 흥륭와유적, 사해유적, 유수산·서량유적에서만 나타나며, 서랍목륜하 이북지역에서는 발견되지 않는다. 서랍목륜하 이북지역에서는 오히려 돌을 사용하여 만든 돌널무덤과 돌무지무덤이 보편적이다. 화덕시설 시설을 비교해 보아도 서랍목륜하 이북지역에서는 돌을 활용한데 비하여 이남지역에서는 구덩이를 판 경우가 많다. 이러한 지역적 차이는 지역 간의 기온차이와 연관이 있을 것으로 생각된다.

흥륭와문화의 질그릇 역시 지역별로 일정한 차이가 존재한다. 통형관이라는 흥륭와문화의 보편적 질그릇을 제외한 발형질그릇, 잔형질그릇 등은 서랍목륜하 이남지역인 흥륭와와 사해유적에서 더 많이 보인다. 질그릇의 표면색에서도 차이가 있는데, 서랍목륜하 이남지역의 흥륭와유적과 사해유적의 질그릇은 초기의 홍갈색과 황갈색 질그릇에서 회갈색 질그릇 위주로 변해간다. 이에 반해 서랍목륜하 이북의 남태자유적과 백음장한유적의 질그릇은 회갈색 질그릇도 조금씩 보이긴 하지만 황갈색이 대다수이다. 이는 분명히 두 지역 간의 질그릇 소성방법이나 태토가 달랐음을 보여주는 것이다.

흥륭와문화의 석기는 유적마다 비슷한 양상을 보인다. 그러나 발견된 석기 중에서 가장 큰 비중을 차지하는 땅을 파는 도구들은 유적마다 차이가 있다. 서랍목륜하 이남지역의 흥륭와, 사해유적에서는 어깨 부분이 잘록한 곰배팽이가 많이 발견되고, 서랍목륜하 이북지역의 백음장한, 남태자유적에서는 굴곡없이 평평한 돌삽이 많이 발견된다. 또 흥륭와, 사해유적에서는 백음장한, 남태자유적에서 보이는 돌통형관이 보이지 않는다. 땅을 파는 도구들(곰배팽이, 돌삽)은 각 유적에서 가장 많이 발견되는 석기 기종 중 하나인데, 이것에 있어서 지역적 차이가 난다는 것은 지역마다 필요로 하는 석기의 형태가 달랐음을 뜻한다.

소하서문화의 '문화명명'에 대해서는 중국 내에서 여러 입장이 있지만 본 연구에서는 소하서문화가 흥륭와문화와는 다른 독립적인 문화로 불리기보다는 흥륭와문화 내의 지방유형으로 분류되어야 한다는 입장이다. 소하서문화의 유적이라고 알려진 유적들은 연대측정도 제대로 이루어지지 않았고, 심지어 측정이 이루어진 곳에서는 흥륭와문화와 동시기의 연대가 측정되기도 하였다. 또 기본적인 질그릇형태도 모래가 낀 통형관으로 흥륭와문화의 질그릇형태와 큰 차이가 없으며 석기도 곰배팽이가 주를 이루는 점에서 동일하다. 이 외에 실내무덤의 존재, 분포범위 등에서도 큰 차이를 보이지 않는다. 때문에 본문에서는 소하서문화 유적으로 분류되던 소하서유적, 유수산·서량유적, 백음장한 1기유적을 지역적 특색을 고려해 각각 흥륭와유형, 유수산·서량유형, 백음장한유형으로 구분하는 것을 제안하였다.

현재 국내에서 요서지역의 초기 신석기시대에 관한 연구는 거의 없다고 할 수 있다. 국내의 고고학계나 역사학계에서는 요하 이동지역까지를 그 연구 범위로 정하는 경우가 많으며, 요서지역을 연구하는 학자는 상대적으로 매우 적다. 하지만 요서지역의 고고학문화를 소홀히 다뤄서는 안된다고 생각한다. 왜냐하면 요서지역의 홍산문화와 하가점하층문화유적에서 상당한 발전을 보이는 유구와 유물들이 상당 수 발견되었음에도 불구하고, 심층적인 연구가 이루어지지 않았고, 그런 상황에서 족속문제나 기원문제, 역사적 기록과 연결시키려는 것은 논리적인 접근이 아니기 때문이다. 따라서 요서지역에 대한 국내의 연구가 거의 없는 상태에서 이번 연구가 요서지역 초기 신석기문화를 이해하기 위한 첫 걸음으로 기능하여, 추가적인 연구주제들을 제시하는데 도움이 되길 바란다.

하지만 이번 연구에서 해결하지 못한 한계점도 분명하게 보인다.

첫째, 현재 소하서문화와 흥륭와문화의 유적이라고 발표된 곳은 본문에서 언급한 유적보다 수십 배는 많지만 아직 발굴이 되지 않거나 보고서가 제대로 나오지 않아 정확한 양상을 파악하기 어렵다. 이런 상황에서 중국 학자들은 요서지역의 문화에 대해 제대로 파악을 하지 못한 것으로 보이며, 그마저도 학자들마다 문화양상에 대한 전반적인 이해를 달리하고 있다. 때문에 몇몇 유적을 가지고 해당 지역의 고고학문화에 대해 보편적인 서술을 하는 것은 매우 힘들다고 할 수 있다.

둘째, 현재 요서지역의 선사시대를 여러 문화로 명명하여 대외적으로 발표하고 있지만, 본문에서도 언급했듯이 한 문화권 내에서도 무덤 양식, 주거 양식, 출토 유물 등에서 큰 차이를 보이고 있다. 과연 이러한 분류가 적합한 것인지에 대한 연구는 본문에서 다루지 못하였다. 추후에 흥륭와문화 뿐만 아니라 주변지역의 선후관계에 있는 문화요소들까지 더 심도있게 다루어져야 한다고 본다.

셋째, 요서지역의 흥륭와문화를 요동지역이나 한반도 혹은 중원지역과 연관 지어 설명하지 못하였다. 이점은 해당지역을 연구하는데 있어서 가장 필요한 부분 중 하나이기 때문에 이후 더 많은 연구가 이루어져야 할 것이다.

이처럼 이번 연구에서 해결하지 못한 중요한 점들이 매우 많으며, 이러한 문제들이 해결되기 위해서는 많은 발굴자료의 획득이 시급하다. 국내에서는 중국의 발굴보고서 발표를 수동적으로 기다려야하는 입장이지만 앞으로 홍산문화나 하가점하층문화 이외에 요서지역의 선사문화유적들이 더 많이 발굴되고 보고서도 충실히 나온다면 국내의 전문 연구자들도 더 많은 관심을 가지고 심도 있는 연구가 진행될 것으로 기대한다.

참고문헌

1. 학위논문

1) 한국

박진호, 2014, 「요서지역 초기 신석기문화 연구-소하서·흥륭와문화를 중심으로-」, 인하대학교.

2) 중국

富寶財, 2010, 『興隆窪文化房址分析』, 中央民族大學碩士學位論文.
索秀芬, 2006, 『燕山南北地區新石器時代文化研究』, 吉林大學博士學位論文.
智　朴, 2012, 『興隆窪文化陶器分期及相關問題研究』, 遼寧大學碩士學位論文.

2. 연구논문

1) 한국

박진호, 2015a, 「소하서문화와 흥륭와문화의 관계연구」, 『고조선연구』, 고조선학회, pp.1~55.
박진호, 2015b, 「흥륭와문화의 특징과 지역적 차이에 대한 검토」, 『고조선학보』, , 고조선사학회, pp.47~70.
복기대, 1995, 「하가점하층문화의 기원과 사회성격에 관한 시론」, 『한국상고사학보』 제19호, 한국상고사학회, pp.397~426.
_____, 2001, 「중국 요서지역 청동기시대문화의 역사적 이해」, 『단군학연구』 5, 단군학회, pp.213~245.
_____, 2007, 「시론 홍산문화 원시룡에 대한 비판적 재검토-손수도의 저룡에 대한 비판적 검토를 중심으로」, 『백산학보』, 백산학회, pp.43~70.
_____, 2009, 「소하연문화에 관하여」, 『고조선단군학』 제21호, 고조선단군학회, pp.99~133.
우실하, 2009, 「'요하문명론'의 초기 전개 과정에 대한 연구」, 『고조선단군학』 제21호, 고조선단군학회, pp.273~309.
이해련, 2010, 「요하 유역의 신석기시대 질그릇문화」, 『博物館研究論集』 16輯, 부산박물관, pp.6~25.

2) 중국

郭大順, 1995, 「遼寧史前考古與遼河文明探像」, 『遼海文物學刊』, 第1期, 遼寧省文物考古研究所, pp.14~20.
_____ · 張克擧, 1984, 「遼寧省喀左縣東山嘴紅山文化建筑群址髮掘簡報」,

『文物』第11期, 文物出版社, pp.1~11.

郭治中, 1992,「克什克騰旗盆瓦窯新石器時代遺址」,『中國考古學年鑑』1992年,
　　　文物出版社, pp.169~170.

_____ㆍ包靑川ㆍ索秀芬, 1991,「林西縣白音長汗遺址髮掘述要」,『內蒙古東部區
　　　考古學文化硏究文集』, 海洋出版社, pp.15~23.

邱國斌, 2010,「內蒙古敖漢旗新石器時代聚落形態硏究」,『內蒙古文物考古』
　　　第1期, 內蒙古文化廳, pp.18~46.

內蒙古自治區文化局文物工作組, 1957,「內蒙古自治區髮現的細石器文化遺址」,
　　　『考古學報』第1期, 中國社會科學院考古硏究所, pp.9~20.

滕銘子, 2007,「GIS在西拉木倫河以南地區環境考古硏究中的初步應用」,
　　　『內蒙古文物考古』, 第1期, 內蒙古文物考古硏究所, pp.81~105.

卜　工, 1989,「燕山地區夏商時期的陶譜系」,『北方文物』

索秀芬, 2005,「小河西文化初論」,『考古與文物』第1期, 陝西省考古硏究所,
　　　pp.24~26.

_____, 2005,「試論白音長汗類型」,『考古與文物』第4期, 陝西省考古硏究所,
　　　pp.48~53.

_____ㆍ郭治中, 2003,「白音長汗遺址興隆窪文化一期遺存及相關問題」,
　　　『邊疆考古硏究』第3期, 吉林大學邊疆考古硏究中心, pp.1~6.

_____ㆍ郭治中, 2004,「白音長汗遺址小河西文化遺存」,『邊疆考古硏究』, 第3輯,
　　　吉林大學 邊疆考古硏究中心, 科學出版社, pp.301~309.

_____ㆍ李少兵, 2004,「南台子類型分期初探」,『內蒙古文物考古』, 第2期,
　　　內蒙古文物考古硏究所, pp.29~36.

_____ㆍ_____, 2011,「興隆窪文化分期與年代」,『文物』第8期, 文物出版社,
　　　pp.47~54.

_____ㆍ_____, 2012,「金龜山遺址一期遺存文化性質」,『草原文物』第1期,
　　　草原文物雜志編輯部, pp.32~36.

徐光冀, 1984,「富河文化的髮現與硏究」,『新中國的考古髮現和硏究』,
　　　文物出版社, pp.176~180.

_____, 1994,「烏爾吉木倫河流域的三種史前文化」,『內蒙古文物考古文集』
　　　第一集, 中國大百科全書出版社, pp.83~86.

薛志强, 2008,「論興隆窪文化在中國文明起源中的地位與作用」,『大連大學學報』,
　　　第29卷 第5期, 大連大學, pp.11~15.

梁思永, 1959,「熱河查不干廟林西雙井赤峰等處所采集之新石器時代石器與陶片」,
　　　『梁思永考古論文集』, 科學出版社, pp.107~144.

楊　虎, 1989,「關于紅山文化的幾個問題」,『慶祝蘇秉琦考古五十五年論文集』,

文物出版社, p.225.

_____ ·劉國祥, 1993,「興隆窪聚落遺址髮掘再穫碩果」,『中國文物報』12月26日.

呂昕娛, 2010,「試論興隆窪文化的分布范圍及髮展傳承」,『赤峰學院學報』,
　　　　第31卷 第12期, 赤峰學院, pp.1~2.

連吉林, 2007,「試論南台子類型」,『內蒙古文物考古』, 內蒙古文物考古研究所,
　　　　pp.29~37.

遼寧省文物考古研究所, 1986,「遼寧省牛河梁紅山文化"女神廟"與積石塚髮掘報
　　　　告」,『文物』第8期, 文物出版社, pp.1~17.

劉國祥, 2003,「興隆窪文化居室葬俗再認識」,『華夏考古』第, 1期,
　　　　河南省文物考古研究所, pp.43~51.

_____, 2008,「西遼河流域新石器時代至早期青銅時代考古學文化概論」,
　　　　『遼寧師范大學學報』, 社會科學版, pp.113~122.

李健民, 2008,「興隆窪文化的居室葬」,『赤峰學院學報』, 第1期, 赤峰學院,
　　　　pp.81~82.

李恭篤·高美璇, 1986,「一種時代偏早的原始文化類型的發現」,『北方文物』.

李恭篤·高美璇, 1998,「遼西楊家遺址發現目前我國北方更早的新石器時代文化遺
　　　　存」,『青年考古學家,-北京大學百年校慶特』第十期.

李恭篤·高美璇, 2014,「大遼西芦蓈島市楊家窪遺址文化性質的初步認識」,
　　　　『尋覓與探索』, 文物出版社.

李　民, 1987,「試論牛河梁東山嘴紅山文化的歸屬：中國古代文明探源之一」,
　　　　『鄭州大學學報』第2期, 哲學社會科學版, pp.8~14.

李少兵·索秀芬, 2010,「內蒙古自治區東南部新石器時代遺址分布」,
　　　　『內蒙古文物考古』第1期, 內蒙古文化廳, pp.52~61.

林　澐, 1980,「東北系銅劍初論」,『考古學報』, 科學出版社.

翟德芳, 1988,「中國北方地區青銅短劍分群研究」,『考古學報』, 科學出版社

趙賓福, 2006,「興隆窪文化的類型、分期與聚落結構研究」,『考古與文物』,
　　　　第1期, 陝西省考古研究所, pp.25~31.

_____·杜戰偉, 2014,「小河西文化檢析」,『考古學研究』1期,
　　　　中國國家博物館館刊, pp.17~25.

朱延平, 1991,「遼西區新石器時代考古學文化縱橫」,『內蒙古東部區考古學文化研
　　　　究文集』, 海洋出版社, pp.9~14.

中國考古學會, 1989,「敖漢旗榆樹山、西梁遺址」,『中國考古學年鑒』,
　　　　文物出版社, p.131.

陳國慶, 2004,「興隆窪文化分期及相關問題探討」,『邊疆考古研究』, 第3輯,
　　　　吉林大學 邊疆考古研究中心, 科學出版社, pp.9~22.

_____ · 張大鵬, 2012,「芻議興隆窪文化蚌器」,『北方文物』3輯, 北方文物雜志社, pp.8~11.

陳　葦, 2008,「從居室墓和石雕像看興隆窪文化的祖先崇拜」,『內蒙古文物考古』, 第1期, 內蒙古文化廳, pp.66~74.

3. 단행본

1) 한 국

곽대순(郭大順) · 장성덕(張星德)著 · 김정열 譯 2008,『동북문화와 유연문명』, 동북아역사재단.

문안식, 2012,『요하문명과 예맥』, 혜안.

복기대, 2013,『중국 요서지역의 신석기문화와 초기 청동기시대 연구』, 두솔.

_____, 2013,『홍산문화의 이해』, 두솔.

우실하, 2007a,『동북공정 너머 요하문명론』, 소나무.

_____, 2007b,『고조선의 강역과 요하문명』, 동아지도.

정한덕, 2000,『중국 고고학 연구』, 학연문화사.

趙賓福 著 · 崔茂藏 譯, 1996,『中國東北新石器文化』, 集文堂.

2) 중 국

徐光冀 · 朱延平, 2001,『遼西區古文化(新石器至靑銅時代)綜論』, 科學出版社.

席永杰 · 張國強 · 王苹 · 孫永强, 2011,『西遼河流域史前陶器紋飾圖錄』, 內蒙古人民出版社, 內蒙古出版集團.

邵國田, 2004,『敖漢文物精華』, 敖漢旗博物館, 內蒙古文化出版社.

滕銘子, 2009,『GIS支持下的赤峰地區環境考古研究』, 科學出版社.

中國考古學會, 1989,『中國考古學年鑑』, 文物出版社.

中國社會科學院考古研究所, 1983,『中國考古學中碳十四年代數据集 1965-1981』, 文物出版社.

國家文物局, 2013,『中國文物地圖集 : 內蒙古自治區分册』上, 下, 西安地圖出版社.

4. 발굴간보 및 보고서

1) 간 보

內蒙古文物考古研究所, 1994,「克什克騰旗南台子遺址髮掘簡報」, 『內蒙古文物考古文集』第一集, 中國大百科全書出版社, pp.87~95.

_____, 1997,「克什克騰旗南台子遺址」,『內蒙古文物考古文集』第二集,

中國大百科全書出版社, pp.53~77.

_____, 2007,「內蒙古赤峰市三座店夏家店下層文化石城遺址」,『考古』第7期,
　　科學出版社,, pp.17~27.

遼寧省文物考古研究所, 1994,「遼寧阜新縣查海遺址 1987~1990年 三次髮掘」,
　　『文物』第11期. 文物出版社, pp.4~19.

辛岩, 方殿春, 2003,「查海遺址1992年-1994年髮掘報告」,『遼寧考古文集』,
　　遼寧民族出版社.

楊　虎・林秀貞, 2009a,「內蒙古敖漢旗小河西遺址簡述」,『北方文物』2輯,
　　pp. 3~6.

_____・_____, 2009b,「內蒙古敖漢旗榆樹山　西梁遺址房址和墓葬綜述」,
　　『北方文物』2輯, pp.7~12.

_____・_____, 2009c,「內蒙古敖漢旗榆樹山　西梁遺址出土遺物綜述」,
　　『北方文物』2輯, 北方文物雜志社, pp.13~21.

中國社會科學院考古研究所內蒙古工作隊, 1985,「內蒙古敖漢旗興隆窪遺址髮掘
　　簡報」,『考古』第10期, 科學出版社, pp.1~10.

_____, 1997,「內蒙古敖漢旗興隆窪聚落遺址1992年髮掘簡報」,『考古』第1期,
　　科學出版社, pp.1~26.

河北省文物研究所, 1992a,「河北省遷西縣東寨遺址髮掘簡報」,『文物春秋』,
　　河北省文物局, pp.128~143..

_____, 1992b,「遷西西寨遺址1988年髮掘報告」,『文物春秋』, 河北省文物局,
　　pp.144~177.

2) 보고서

內蒙古自治區文物考古研究所, 2004,『白音長汗』上·下, 科學出版社.

遼寧省文物考古研究所, 2012,『查海-新石器時代聚落遺址髮掘報告』上, 中, 下,
文物出版社.

부록

부록 1 : 소하서문화 주거지 속성표

소하서유적

구분	평면형태	크기		기둥구멍	출입시설	화덕시설			기타
		길이×너비 (단위:m)	면적 (단위:㎡)			평면	위치	형식	
F1	모줄임 장방형	4.2×2.75	11.5	1	–	원형	중앙	구덩식	
F2	모줄임 방형	4.4×4.5	17	–	–	표주박형	중앙	구덩식	실외묘 M1
F3	모줄임 방형	4.25×4.5	19.5	–	–	표주박형	중앙	구덩식	실내무덤 M4 2층단

유수산서량유적 1

구분	평면형태	크기		기둥구멍	출입시설	화덕시설			기타
		길이×너비 (단위:m)	면적 (단위:㎡)			평면	위치	형식	
F1	모줄임 방형	5.6×5.2	29.1	–	–	난원형	–	–	
F2	방형	6.2×6.4	39.7	2	–	타원형	–	–	실외묘 M1
F3	불규칙	6.2×6	37.2	2	–	원형	–	–	실내무덤 M4 2층단
F4	불규칙	4×3	12	–	–	–	–	–	
F8	불규칙	5.6×6	33.6	1	–	난원형	–	–	
F9	제형	5.8×4	23.2	4	–	표주박형	–	–	2층단
F11	장방형	10×9.6	96	8	–	표주박형	–	–	2층단
F12	불규칙	3.6×3.8	13.7	–	–	원형	–	–	실외묘 M2
F13	불규칙	2.5×1.6	4	–	–	–	–	–	
F14	불규칙	6×5.8	34.8	–	–	표주박형	–	–	실외묘 M3

유수산서량 유적 2

| 구분 | 평면형태 | 크기 | | 기둥구멍 | 출입시설 | 화덕시설 | | | 기타 |
		길이×너비 (단위:m)	면적 (단위:㎡)			평면	위치	형식	
F011	제형	9×7	29.1	–	–	원형	–	–	소움
F102	제형	4.6×4	39.7	–	–	원형	–	–	실내무덤 M101
F103	모줄임 방형	4.4×4	37.2	–	–	원형	–	–	소움
F104	방형	5.8×5.8	12	4	–	원형	–	–	
F105	모줄임 방형	3.8×5.5	33.6	–	–	원형	–	–	
F106	불규칙	6×6	23.2	–	–	원형	–	–	
F107	모줄임 방형	3.6×3.6	96	–	–	난형	–	–	소움
F110	모줄임 방형	6.5×6.5	13.7	4	–	표주박형	–	–	2층단
F111	제형	3.6×3	4	–	–	원형	–	–	소움
F112	모줄임 방형	4.8×4.2	34.8	–	–	원형	–	–	
F113	제형	5×3.4	22.9	–	–	–	–	–	
F114	방형	4.9×4.9	24	–	–	–	–	–	
F115	제형	6.5×3.5	26.9	3	–	–	–	–	
F116	방형	6.1×6.2	37.8	–	–	–	–	–	
F117	모줄임제형	5×4.3	21	2	–	–	–	–	2층단

백음장한 유적

| 구분 | 평면형태 | 크기 | | 기둥구멍 | 출입시설 | 화덕시설 | | | 기타 |
		길이×너비 (단위:m)	면적 (단위:㎡)			평면	위치	형식	
BF42	철(凸)자형	5.3×4.5	23.9	–	돌출형	–	–	–	
BF64	불명	6.2×?	?	–	–	장방형	동	돌두름	
BF65	불명	2.7×?	?	–	–	원형	북	무시설	

부록 2 : 흥륭와문화 주거지 속성표

흥륭와유적

구분	평면 형태	크기		기둥 구멍	출입 시설	화덕시설			기타
		길이×너비 (단위:m)	면적 (단위:㎡)			평면	위치	형식	
F171	방형	10.6×9.7	102.8	18	-	원형	-	무시설	.
F176	모줄임 장방형	5.4×4.1	22.1	4	-	불규칙 원형	-	무시설	실내무덤 M117
F177	방형	3.6×3.3	11.9	5	-	원형	-	무시설	
F180	방형	6.5×6.4	42	7	-	-	-	무시설	실내무덤 M118
F220	방형	10.5×10.3	108	4 (잔존)	-	난원형	-	-	F180에 의해 파괴

사해유적 1

구분	평면 형태	크기		기둥 구멍	출입 시설	화덕시설			기타
		길이×너비 (단위:m)	면적 (단위:㎡)			평면	위치	형식	
F1	모줄임 방형	7.8×7.6	59.3	13	-	원형	중앙	구덩식	
F2	모줄임 방형	6.3×6.4	40.3	10	-	원형	중앙	구덩식	
F3	모줄임 장방형	6.1×6.7	40.9	10	-	원형	중앙	구덩식	
F4	모줄임 방형	7.2×7	50.4	12	-	타원형2	중앙(2기)	구덩식	
F5	모줄임 방형	6.4×6.4	41	15	-	원형	중앙	구덩식	
F6	모줄임 장방형	8.6×7.9	67.9	19	-	타원형1 원형1	중앙(2기)	구덩식	
F7	모줄임 장방형	5.9×7.9	46.6	17	-	타원형2	중앙(2기)	구덩식	실내무덤
F8	모줄임 장방형	6.4×5.4	34.6	12	-	원형2	중앙(2기)	구덩식	
F9	모줄임 장방형	10.7×10	107	27	-	원형	중앙	구덩식	
F10	모줄임 장방형	3.5×7.9	27.7	4	-	타원형	중앙	구덩식	
F11	모줄임 방형	5.2×5.4	28.1	7	-	원형	중앙	구덩식	
F12	모줄임 장방형	4.2×3.8	16	-	-	원형	중앙	구덩식	
F13	모줄임 방형	3.8×3.5	13.3	7	-	타원형	중앙	구덩식	
F14	모줄임 장방형	5.8×6.6	38.3	13	-	원형	중앙	구덩식	

사해유적 2

구분	평면 형태	크기		기둥 구멍	출입 시설	화덕시설			기타
		길이×너비 (단위:m)	면적 (단위:㎡)			평면	위치	형식	
F15	모줄임 장방형	4.8×5.3	25.4	10	-	원형	중앙	구덩식	
F16	모줄임 장방형	8.3×7.6	63.1	34	-	원형	중앙	구덩식	
F17	모줄임 장방형	5.4×5	27	11	-	원형	중앙	구덩식	
F18	모줄임 장방형	5.3×6.3	33.4	17	-	원형	중앙	구덩식	
F19	모줄임 장방형	3.8×5.5	20.9	6	-	타원형1 원형1	중앙(2기)	구덩식	
F20	모줄임 장방형	4.3×4.8	20.6	8	-	원형	중앙	구덩식	
F21	모줄임 방형	5.9×6	35.4	28	-	원형	중앙	구덩식	
F22	모줄임 장방형	6.4×5.9	37.8	14	-	타원형	중앙	구덩식	
F23	모줄임 방형	-	-	-	-	-	-	-	
F24	모줄임 장방형	4.8×3.6	17.3	10	-	원형	중앙(2기)	구덩식	
F25	모줄임 장방형	6.4×6	38.4	18	-	타원형	중앙	구덩식	
F26	모줄임 장방형	7.8×7.3	56.9	33	-	원형	중앙	구덩식	
F27	모줄임 방형	6.8×6.6	44.9	31	-	원형	중앙	구덩식	
F28	모줄임 장방형	4.8×5.8	27.8	15	-	타원형2	중앙(2기)	구덩식	

사해유적 3

구분	평면 형태	크기		기둥 구멍	출입 시설	화덕시설			기타
		길이×너비 (단위:m)	면적 (단위:㎡)			평면	위치	형식	
F29	모줄임 방형	4.8×4.6	22.1	11	-	타원형	중앙	구덩식	
F30	모줄임 방형	8.4×8.6	72.2	39	-	원형2	중앙(2기)	구덩식	
F31	모줄임 장방형	6.6×5.4	35.6	30	-	원형	중앙	구덩식	
F32	모줄임 장방형	7.1×6.4	45.4	31	-	원형	중앙	돌두름	
F33	모줄임 장방형	7.1×6.4	45.4	37	-	원형	중앙	구덩식	
F34	모줄임 방형	7×7	49	38	-	원형	중앙	돌두름	

구분	평면 형태	크기 길이×너비 (단위:m)	면적 (단위:㎡)	기둥 구멍	출입 시설	화덕시설 평면	위치	형식	기타
F35	모줄임 방형	5.2×5.3	27.6	22	–	원형	중앙	구덩식	
F36	모줄임 장방형	8.1×9	72.9	32	–	원형	중앙	구덩식	
F37	모줄임 장방형	3.7×5.5	20.4	18	–	확인	중앙3 북1	돌두름1 구덩식1 무시설1	
F38	모줄임 장방형	3.4×4.2	14.3	12	–	원형	중앙	구덩식	
F39	모줄임 방형	6.8×6.5	44.2	35	–	원형	중앙	구덩식	
F40	모줄임 방형	5.4×5.6	30.2	32	–	원형	중앙	구덩식	
F41	모줄임 방형	4.8×4.6	22.1	22	–	원형	중앙	구덩식	
F42	모줄임 방형	4.1×4	16.4	10	–	원형	중앙	구덩식	

사해유적 4

구 분	평면 형태	크기 길이×너비 (단위:m)	면적 (단위:㎡)	기둥 구멍	출입 시설	화덕시설 평면	위치	형식	기 타
F43	모줄임 장방형	7.5×6.5	48.8	21	–	타원형	중앙	구덩식	
F44	모줄임 장방형	4.6×4	18.4	13	–	타원형1 원형1	중앙1 북1	구덩식2	
F45	모줄임 장방형	7×6.6	32.3	17	–	원형	중앙	구덩식	
F46	모줄임 장방형	13.8×11.4	157.3	32	–	원형	중앙	구덩식	
F47	모줄임 방형	5.6×5.3	29.7	11	–	타원형	중앙	구덩식	
F48	모줄임 장방형	5.5×4.8	26.4	12	–	원형	중앙	구덩식	
F49	모줄임 장방형	7.4×6.9	51.1	20	–	원형	중앙	구덩식	
F50	모줄임 장방형	8.0×7.6	60.8	16	–	원형	중앙	돌두름	
F51	모줄임 방형	3.5×3.2	11.2	5	–	원형	중앙	구덩식	
F52	모줄임 장방형	3.3×4.0	13.2	9	–	원형	중앙	돌두름	
F53	모줄임 장방형	9.2×8.5	78.2	33	–	원형	중앙	구덩식	
F54	모줄임 장방형	7.4×6.9	51.1	18	–	타원형	중앙	구덩식	
F55	모줄임 방형	6.8×6.7	45.6	22	–	원형	중앙	구덩식	

백음장한유적 1

구분	평면형태	크기		기둥구멍	출입시설	화덕시설			기타
		길이×너비 (단위:m)	면적 (단위:㎡)			평면	위치	형식	
AF8	모줄임 장방형	8.2×5.9	48.4	–	–	장방형	–	돌두름	
AF9	모줄임 장방형	7.8×6.6	51.5	–	동벽돌출	방형	중앙	돌두름	
AF10	모줄임 장방형	6.3×6	37.8	–	동벽돌출	장방형	중앙	돌두름	
AF11	불명	7.5×?	–	–	–	–	–	–	
AF12	모줄임 장방형	8.8×8	70.4	–	동벽돌출	장방형	중앙	돌두름	
AF13	불명	9.3×?	–	–	–	방형	–	돌두름	
AF14	모줄임 방형	5.3×5.3	28.1	3	동벽돌출	장방형	중앙	돌두름	
AF15	모줄임 장방형	5.6×4.1	23	–	동벽돌출	–	–	–	
AF16	모줄임 장방형	5.5×5.9	32.5	–	동벽돌출	장방형	중앙	돌두름	
AF17	불명	5.1×?	–	–	–	장방형	편재(동)	돌두름	
AF18	불명	4.8×5.8	27.8	–	–	방형	중앙	돌두름	

백음장한유적 2

구분	평면형태	크기		기둥구멍	출입시설	화덕시설			기타
		길이×너비 (단위:m)	면적 (단위:㎡)			평면	위치	형식	
AF19	모줄임 방형	7.5×7.5	56.3	–	동벽돌출	장방형	중앙	돌두름	
AF20	불명	6.8×?	?	–	–	장방형	–	돌두름	
AF22	불명	5.6×?	?	–	–	장방형	중앙	돌두름	
AF23	불명	5.7×?	?	1	–	불명	–	돌두름	
AF24	모줄임 장방형	6.1×5.8	24.1	4	동벽돌출	장방형	중앙	돌두름	
AF25	모줄임 방형	7×7	49	3	동벽돌출	장방형	중앙	돌두름	
AF31	모줄임 장방형	7×6.8	47.6	4	동벽돌출	장방형	중앙	돌두름	
AF32	모줄임 장방형	6.4×5.7	36.5	1	동벽돌출	장방형	중앙	돌두름	
AF35	모줄임 방형	5.1×5.1	26	–	동벽돌출	장방형	중앙	돌두름	
AF36	장방형	7.3×6.8	49.6	–	동벽돌출	장방형	중앙	돌두름	
AF37	모줄임 장방형	6.4×6.3	40.3	–	동벽돌출	장방형	중앙	돌두름	

백음장한유적 3

구분	평면 형태	크기		기둥 구멍	출입 시설	화덕시설			기타
		길이×너비 (단위:m)	면적 (단위:㎡)			평면	위치	형식	
AF39	모줄임제형	5×5.5	27.5	–	동벽돌출	장방형	중앙	돌두름	
AF40	모줄임 장방형	6.1×5.2	31.7	–	동벽돌출	장방형	중앙	돌두름	
AF43	불명	7.8×?	?	–	–	방형	–	돌두름	
AF50	불명	6.4×?	?	–	–	장방형	중앙	돌두름	
AF51	불명	6.2×?	?	–	–	장방형	중앙	돌두름	
AF52	모줄임 장방형	5×4.5	22.5	–	동벽돌출	장방형	중앙	돌두름	
AF78	불명	?×4.5	?	–	–	장방형	중앙	돌두름	

백음장한유적 4

구분	평면 형태	크기		기둥 구멍	출입 시설	화덕시설			기타
		길이×너비 (단위:m)	면적 (단위:㎡)			평면	위치	형식	
BF2	불명	3.6×?	?	–	–	장방형	–	돌두름	
BF3	불명	5×?	?	–	–	–	–	–	
BF4	모줄임 장방형	5.8×4.2	24.4	–	–	장방형	편재 (동)	돌두름	
BF5	모줄임 장방형	5.5×3.6	19.8	–	–	불규칙	중앙	지면식	
BF6	모줄임 장방형	6.3×4.8	30.2	–	동벽돌출	장방형	편재 (동)	돌두름	
BF28	장방형	4×3.6	14.4	–	동벽돌출	장방형	중앙	돌두름	
BF30	불명	?×?	?	–	–	–	–	–	
BF34	장방형	3.7×?	?	–	–	–	–	–	
BF38	불명	5×?	?	–	–	장방형	–	돌두름	
BF44	장방형	5.4×4.8	25.9	–	동벽돌출	장방형	편재 (동)	돌두름	
BF48	모줄임제형	6.5×6.3	41	2	동벽돌출	–	–	–	

백음장한유적 5

구분	평면형태	크기 길이×너비 (단위:m)	면적 (단위:㎡)	기둥구멍	출입시설	화덕시설 평면	위치	형식	기타
BF55	불명	6.3×?	?	-	동벽돌출	장방형	중앙	불명	
BF59	불명	5.4×?	?	-	-	-	-	-	
BF60	불명	4.5×?	?	-	-	-	-	구덩식	
BF61	모줄임 장방형	6.5×6.3	40.95	-	동벽돌출	장방형	중앙	돌두름	
BF62	불명	6×?	?	-	-	장방형	중앙	돌두름	
BF63	불명	4.9×?	?	-	-	장방형	중앙	돌두름	2기 갑류
BF68	장방형	9.7×9.1	88.3	2	-	장방형	중앙	구덩식	
BF69	불명	5.9×4.8	28.3	-	-	방형	중앙	돌두름	
BF70	모줄임 장방형	6.8×6.4	43.5	-	동벽돌출	원형	중앙	지면식	
BF71	불명	6.1×?	?	-	-	방형	중앙	돌두름	
BF72	모줄임 장방형	6.7×6.7	44.9	-	동벽돌출	장방형	중앙	지면식	

백음장한유적 6

구분	평면형태	크기 길이×너비 (단위:m)	면적 (단위:㎡)	기둥구멍	출입시설	화덕시설 평면	위치	형식	기타
BF73	모줄임 장방형	5.8×5.1	29.6	-	-	장방형	중앙	돌두름	
BF74	불명	8.5×?	?	-	-	장방형	중앙	돌두름	
BF75	불명	4×?	?	-	-	-	-	-	
BF77	불명	6.3×?	?	-	-	장방형	중앙	돌두름